新萬有文庫
New Variety

心靈使用手冊

成和平　著

臺灣商務印書館

萬卷書籍，有益人生
——「新萬有文庫」彙編緣起

台灣商務印書館從二〇〇六年一月起，增加「新萬有文庫」叢書，學哲總策劃，期望經由出版萬卷有益的書籍，來豐富閱讀的人生。

「新萬有文庫」包羅萬象，舉凡文學、國學、經典、歷史、地理、藝術、科技等社會學科與自然學科的研究、譯介，都是叢書蒐羅的對象。作者群也開放給各界學有專長的人士來參與，讓喜歡充實智識、願意享受閱讀樂趣的讀者，有盡量發揮的空間。

家父王雲五先生在上海主持商務印書館編譯所時，曾經規劃出版「萬有文庫」，列入「萬有文庫」出版的圖書數以萬計，至今仍有一些圖書館蒐藏運用。「新萬有文庫」也將秉承「萬有文庫」的精神，將各類好書編入「新萬有文庫」，讓讀者開卷有益，讀來有收穫。

「新萬有文庫」出版以來，已經獲得作者、讀者的支持，我們決定更加努力，讓傳統與現代並翼而翔，讓讀者、作者、與商務印書館共臻圓滿成功。

台灣商務印書館董事長　王學哲

江序

江漢光

心靈沉淪、心靈下陷、心靈空虛、心靈污染、心靈貧乏等等名詞似乎已成為現代人生活的真實寫照，而奮力追求心靈的重建和安寧則變成人們必修的一門大功課。

健康的心靈其實無須多定義，更不必大費周章的詮釋，基本上就是能把自己愛好、疼惜好，過好每一天的生活，也讓周遭的人們能認同接納你，彼此共同遂行一個溫暖有愛，又能達成人生設定的實踐度和目標理想下的平順心靈狀態。

可惜的是，也許是上帝在造人的時候有一點小疏忽，以至於在全人口中就有一定比例的人，無論是在其體質或人格特質上，容易有情緒性障礙，神經質化症狀，或邊緣型的人格特質。他們本性就容易焦慮緊張、操煩慮病、杞人憂天、衝動暴躁、敏感多疑，情緒狀態也易受外在情境的影響而被帶著跑，常被自己的情緒洪濤淹沒，人際關係膚淺多變。於是他們很難感受和擁有健康的心靈，甚至常怨天尤人，投射怪罪，率爾行事而難於長久相處，因此總是神經兮兮的過日子。以今日的醫學所知，他們並非是情緒管理的EQ差，沒學好怎麼做人和做事，而是其腦筋出竅，神經生物體質不穩定所致，而如果你我不會如此，實該慶幸自己有健康心靈的良好底子。

在今天這麼一個高度複雜化的e社會結構下，人們被生活和職業壓得是連求得一夜充足的睡眠都很難，更不要說是悠閒愜意的過日子，就算是經營之神王永慶的兒子，也得全力以赴，把家族的龐大事業之光給撐下去。於是乎除了尚會做事和賺錢以圖溫飽，還能會玩、會說和會變，就可能更健康愉悦了。也就是說，在工作之餘，有更多挑戰、又合興趣，還能啟發人生創意的嗜好和娛樂，而在語言之應用溝通時，能迅速掌握資訊的籌碼，來往國際間能暢通無阻，同時又能累積個人生涯發展的資本，再加上一顆富有具彈性，能跟隨時代和社會脈動調整己身作為與身段的正面心態，自然能順應變動，隨時走在世紀的前端，如此自然也易有一顆健康的心靈。

不健康的心靈下很容易時時感受到壓力，亦無事不引以為壓力，因此容易變得沒耐性，吹毛求疵，冥頑不靈，會排拒有利的資訊或錯失及時採取行動的時機，也會對道德、倫理等價值感到動搖，同時易使人做出不信守承諾的決定，或較易對周遭的環境妥協，判斷扭曲而看法偏頗，當然也易衝動行事。另一方面又容易莫名恐慌憂鬱，畏懼焦慮，出現精神功能渙散，記憶、注意力減退等身心症狀，影響層面不可謂不大。

反之，擁有健康的心靈，就很容易有幸福的感受，也因此而容易適應環境，並對環境保持適當的敏感性，對壓力有警覺並能管理壓力，且能自我負責，而這些健康與幸福的感受幾乎都和金錢與財富沒有絕對因果關係。也難怪根據社會學家的調查，買樂透中頭彩所能增加的幸福感，只能在一年到三年內暫時讓人感到幸福，還遠不如一份好工作，一個美滿家庭，和一個健康的身心狀態，所能帶給人的幸福感更多。

也由於性格可以決定一個人的命運，個性對於健康，甚至壽命的影響，與食物和運動的影響一般，甚至更大；於是乎，我們雖然不可能去訂做一個優質的人格，但至少可以培養自己抗病的性格，以便於達成健康心靈的基本要件。其中訓練自己適應，甚至於去憧憬和迎接改變，克服對未知的恐懼，積極參與工作和活動，勇於表達及流露感情，學習與自己競爭，但仍然能從容處理事情。有時候則刻意放慢腳步，使自己能緩些工作、玩耍、走路、談話、進食，甚至是思想，並學會疼惜自己，信賴自己的感受，養成做自己認為是對的事情的習慣，果能如此，健康的心靈亦將隨之而來。

成醫師雖以耳鼻喉科做其醫師的職業，但眾所熟知的是他對超心理學和生死科學的廣泛興趣，並以之著書立說。數年前出版的《心靈聖經》一書之內容，蓋已將心靈的運作和健康心靈的養成，做出令身為一名精神科醫師的自己汗顏的一番提綱，此次更直接以健康的心靈為題，剴切陳述其頗合醫學科學觀點的詮釋，行雲流水而不失縝密的筆調，婉婉道來其多年自我的心得，閱之頗得我心，並符合自己的臨床知識。殷殷提醒芸芸大眾能從「心」出發，經營健康的心靈，活出優雅和品味的氣質，以便過一個值得的人生，這一切似乎都需經由自己「腦內革命」的認知和態度改變開始，但是只要你想到，並且肯從現在就開始著手去自我實踐配合精神的成長，你就有機會改變後半段的人生。因之略表己意並樂以為之序。

（江醫師為前三軍總醫院精神科主任、醫學博士、現為書田暨中山醫院神經精神科醫師）

自序

什麼是健康的心靈？是健康的心理嗎？

心理健康的人，對挫折的容忍度高，很會抵抗壓力，但心靈健康的意義不止於此。

心靈健康的人有堅定的人生觀，不為怪力亂神所惑，也不迷失於金錢權勢之中，知道自己真正需要什麼。

坊間關於心靈的書籍太多了，不是指向事業成功就是推崇某種信仰，卻不見得能獲得真正的健康，甚至有不少作者本身的心靈也有問題。

如果賺得了全世界，卻感到空虛寂寞，算是健康的人嗎？

於是有人認為盡信書不如無書，乾脆以自己的判斷為主，去追尋生命的意義。

的確，有些心靈知識不是由研究得來的，譬如宗教界所言之悟道，需要長期的觀照內心世界才能達成，看書幾乎沒有幫助。

但一般的心靈知識仍可藉由閱讀正確的書籍而得知，雖然無助於內心觀照，卻可以避免陷入惶恐不安、空虛無助的情緒中，日子也不會過得如無頭蒼蠅或熱鍋上的螞蟻一般。

本書提供心理學沒有介紹或輕描淡寫的部分，卻會對日常生活造成舉足輕重的影響，如果能徹底採信力行各章節內容，保證有更快樂的心情與更清明的頭腦，日子將過得煥然一新。

如果您有虔誠的宗教信仰，生活也過得充實自在，恭喜您，本書可以不必翻閱了；如果您對人生仍有疑義，歡迎以批判的態度檢查本書，反正不會有任何損失，因為本書完全棄絕迷信的說法，保證不會騙人或空談。

本書的論調完全站在科學與實用的立場，蒐集了大量有趣的新知（請見末頁之參考與推薦資料），以最淺顯的文字敘述，雖尚未揭開人類本質的奧秘，卻已到達了討論的極限。

請放鬆心情，敞開心胸，慢慢欣賞吧。

目錄

CONTENT

超心理學篇 033

CONTENT

CONTENT

CONTENT

生命意義篇

CONTENT

CONTENT

科學篇

一、大腦

想了解自己，必須先認識大腦，因為大腦是心靈的根源，如果不懂得大腦的基本知識，就很容易被一些似是而非的說法迷惑。

有人將大腦分成三個區域，由裡到外分別是爬蟲區、哺乳動物區、人類意識區。

這樣的分法有缺點，但說明了不少事實，也就是人類自以為非常理智的人類意識區，其實深受情緒也就是哺乳動物區，以及本能也就是爬蟲區的雙重控制，所謂「食色，性也」。

大家應該都有脾氣難以控制而爆發的經驗，即使修養很好的人也只是隱忍不發而已，這就是大腦的特質。

人類是動物獸性與萬物之靈的混合產品，所以任何不道德或骯髒的念頭是正常的，不必產生罪惡感，也不必強加壓抑，怎樣使之消失於無形才是正確的途徑。

大腦也是各種化學物質作用的場所，曾有學習障礙的兒童接受各種訓練，仍無法提昇課業成績與人際關係，最後在醫師的建議下，服用增強腦部注意力的藥物，竟然在各方面都大有進步。

大腦科學的進步，已使得許多過去認為的精神問題，轉變成單純的生理問題。

有些心理學家抗拒這樣的改變，深恐自己的心理治療技術被藥物搶走了飯碗。其實，藥物與心理治療各有優缺點，不可能互相取代，兩者都有存在的價值，部分心理學家實在無需過度緊張。

如果您有心靈上的問題，應該先聽聽腦神經學家或精神科醫師是怎麼說的，再來接受心理諮商或治療才比較妥當，否則明明是腦部生理的問題，譬如缺乏某種化學物質，卻一直接受心理治療，豈不是徒勞無功？

曾有一位青少年因殺人罪被判死刑，其養母向領養單位探詢生母與生父資料，結果發現該名青少年的家族充滿了罪犯、精神病患與行為異常者。

養母也有自己的小孩，但從未偏愛親生子而鄙視養子，只覺得該名青少年從小就喜歡說謊。

養母認為，如果很早就得知養子的家族史，或許能加強防範避免其誤入歧途。

從這個案例可以了解一件事實，便是小孩的基因與母親的懷孕過程，可決定日後大腦的運作，教養環境的影響很有限。

再看看兩例：印度曾發生狼少女事件，兩名女童在狼群中生活，被人救走後，其中一名九歲女童在人類的費心教養下，長到十九歲才認得四十五個字，且狼性未改。

另一例是從小就分開撫養的同卵雙胞胎的研究，發現即使同卵雙胞胎各自的養父母性格南轅北轍，成年的雙胞胎仍有許多特質相同，譬如職業、興趣、習性、脾氣等，只有少數遭遇不一樣。

綜合以上所述，大腦在年幼時便決定了心靈的活動方向，只要是居住在現代開放的世界中，任何人的特質都不會有太大改變，除非環境太極端封閉了（譬如在狼社會或資訊封閉的國家中）。

我提出這些例子的目的是說明人類特質雖很難改變，卻可以從改變環境著手，如果社會上充滿了正確的心靈知識，而不像現在這樣邪說橫行，至少可避免一些青少年誤入歧途。

我不敢奢望成年人會因本書而有何改變，但看看同卵雙胞胎的少數迴異之處，相信還是有些許幫助的。

二、第2腦

什麼是第2腦？

研究發現，腸子除了有消化吸收的功能以外，還有複雜的感知傳訊功能，有人稱之為小型腦（little brain）或第2腦。

在腸的內壁上有許多感知細胞，稱之為基底顆粒細胞（basal granulated cell），其上部可感知食物的化學成分，下部則分泌某種荷爾蒙（hormone），將食物的成分訊息傳到肝臟、胰臟、膽囊等器官，命令它們運作。

此外，腸內的三十多種化學物質與大腦的化學物質相同，腸子等於是腹部的總司令，不僅如此，腸子也是大腦的幕後老闆，因為大腦靠腸子送上來的養分才能運作。

植物人的大腦嚴重受損，腸子照樣運作良好，飢腸轆轆的人卻很難有運作良好的頭腦，便是明證。

第2腦與心靈的關係似乎是間接的，但有些修行者的體驗值得研究，因為他們直指腸子的一部分（也就是所謂的丹田）為能量聚集之處，甚至認為腸子是主人，而頭腦不過是工具而已。

以前的腸胃神經學尚未起步，人們都認為大腦是心智的主宰，修行家的丹田之說一向被視為沒有科學根據。

但現在的醫學領域裡已出現了腸胃神經專科醫師，而許多腸胃疾病與精神狀態密不可分，顯示腸子的重要性與日俱增。

一位靜心修行家就曾經向我提及一個驚人的體驗：他覺得肚子裡有一顆頭腦在指揮他的思想，所以真正的他是肚子裡的那個，不是脖子上的那個！

這種話似乎是瘋言瘋語，可是他不但沒瘋，還是個頭腦清楚、思路敏捷的聰明人，如果想想第2腦的概念，就不會覺得他的說法很奇怪了。

我不是丹田概念的推廣者，只是覺得東方的修行觀或許值得研究與學習，不論丹田與偉大的智慧有何關連之處，總是必須重視的人體部位，因為人們太不注重腸胃的感覺了。

現代社會充滿了胖子，許多飲食是在腸胃並不餓的情況下進行的，美食的味道蒙蔽了肚子的飽脹感，各種文明病隨之而來，人們應該好好反省了。

歷史上不乏因飢荒而吃人肉的時期，而現代人類大多耽溺於五官的享受刺激，失去了靈性，都證明了腸子的重要性，所以想要有健康的心靈，必須先好好對待肚子，也就是努力奉行健康的飲食之道。

三、飲食

什麼是健康的飲食觀念呢？

如果把市面上所有的健康書籍拿來看，恐怕在吃東西之前會猶豫不決，因為任何食物吃多了都會有問題。

美國的科學家曾對三千多名九十歲以上老人做問卷調查，結果回收了一千多份，發現長壽老人的飲食觀念竟然是「愛吃什麼，就吃什麼」。

不過，沒有人吃素，也沒有人吃低鹽、低脂肪食物，有99％的人不抽菸，近九成滴酒不沾。

從這些互相矛盾的統計看來，基因的力量才是使人長壽的原因，菸酒可能會影響壽命，但找不出任何腦部保健之道。

如果活得很久，腦部卻不管用，恐怕不是一般人所樂見的，所以我比較著重於腦部的保養，壽命則早有命定，很難改變太多。

首先，腦部的電生化反應必須有足夠的水分才能快速運作，所以喝夠多的水是必要的。

曾有小學校長強迫全校學生喝夠多的水，結果使學童的上課注意力大為改善，顯示喝水有強化腦力的好處，至於要喝多少水呢？

營養學家會建議喝八大杯或2000cc，我的經驗是只要不造成眼皮或腿部浮腫，維持口腔濕潤總是舒服的，運動員則要喝更多的水。

食物方面最好維持所謂金字塔型飲食，也就是以五穀雜糧、青菜水果、豆莢堅果為主食，肉魚蛋奶為副食。

為什麼要這樣吃呢？因為人類的腸胃早已適應了農業食物，除了少數游牧民族以外，植物是最適宜的能量來源，如果驟然改變為全葷，結果是可想而知了。

黑猩猩的血緣與人類最接近，食物內容只有5％是肉類，卻長得身強力壯，所以少吃肉並不見得會虛弱。

但我不贊成吃全素，因為有可能缺乏維生素B_{12}而造成惡性貧血，況且人類的犬齒與早期石器時代文物出土也證明了過去曾吃葷，並非只能吃素。

我不贊成食用大量的生菜，因為人類的腸子已有部分退化為闌尾與盲腸，沒有消化功能，顯示研磨植物的能力減退（草食動物的腸子都很長），曾有人生吃太多所謂的有機蔬菜而腹瀉，所以不要吃太多以免增加腸胃負擔。

此外，我們生活在不良的環境中，食物污染物、香菸、酒類、空氣水源污染物、感染物、輻射、紫外線等伺機侵襲，而且每個人都有好幾個不良基因帶在身上，隨時可能被誘發表現出來，所以清查自己的家族史，注意可能罹患的疾病，早期預防早期治療。

我的建議是常常吃遠洋魚類，而且是小型魚類，可以減少被污染的危險，且降低血脂肪。如果做不到，起碼解除一些飲食慣性，也就是不挑食，盡量吃天然未加工的食物，不亂吃補品等。

輕鬆的飲食氣氛也必須注重，因為可確保腸胃的消化吸收功能，否則再健康的食物都會大打折扣。

四、開發右腦？

開發右腦是真的嗎？有必要嗎？先從科學發現談起。

大腦不是一個腦，而是左右各半個腦，中間有胼胝體（corpus callosum）相連。

早期的癲癇患者曾接受胼胝體切開手術，以阻斷癲癇發作的電訊從一邊的腦傳到另一邊的腦，這樣的患者謂之裂腦（split-brain）人。

左腦掌管右邊的視野，右腦掌管左邊的視野，正常人的左右腦有胼胝體聯繫，可將兩邊視野的東西統合成一個概念，而裂腦人辨不到。

有人做過這樣的實驗，請裂腦人看一個英文詞 hour glass，兩個字之間有一段距離，但只閃現極短的時間，以防止右眼遊移而瞥見左邊視野。

然後請裂腦人畫下所看見的內容，結果他畫了一個沙漏，卻說是一塊玻璃。長得像沙漏的玻璃？太奇怪了，但裂腦人堅稱這就是他看到的內容，為什麼會這樣呢？

左腦負責語言運作，卻只看到 glass 一字，所以堅稱是玻璃，而右腦雖看到了 hour 一字，卻只能將訊息送到腦深處的視丘 thalamus，一個中繼站，到不了左腦，等於潛意識收到了，意識卻沒有收到。

但意識喜歡對任何事情做合理的解釋，這是一項重要功能，可防止自我概念的崩潰，不是刻意說謊，所以將潛意識的模糊訊息編造成長得像沙漏的玻璃。

以上案例說明了一件事實，大部分人以左腦為主，右腦為輔，雙腦其實都有用到，所以許多開發右腦的課程是很有問題的。

右腦主要掌管空間視覺，與藝術、運動有關，左腦主要掌管邏輯分析，與時間管理有關，但兩腦的功能有許多重疊之處，沒有嚴格的區分。

常常使用左手，真的可以開發右腦，但僅限於運動腦區而已，至於接觸藝術或運動，也不過是雙腦並用罷了。

雙腦並用的最大好處是減少中風後遺症，因為許多左腦出問題的人會喪失說話的能力，常常使用的右腦或許能接替受損的左腦，使語言復健效果變好。

我覺得除非在工作上需要空間概念，才有開發右腦的價值，否則還不如多多放鬆全腦特別是表面皮質，也就是所謂的靜心活動，在生命意義篇那一章將會再詳述。

放鬆全腦可獲得一種寧靜的喜悅，許多學習放鬆的人曾體會過，而人活在世上不就是要獲得快樂嗎？這種不必與人競爭就可以得到的喜悅，利己又不損人，何樂而不為呢？

五、宿命？

既然基因的力量非常強大，環境就只有微弱的影響嗎？難道每個人都受到基因宿命論的魔咒而注定一生嗎？答案是不盡然。

根據研究，如果同卵雙胞胎之一罹患精神分裂症，另一位發病的機率是75％。同樣地，如果同卵雙胞胎之一罹患憂鬱症，另一位發病的機率卻是50％。顯然基因的力量並非牢不可破，要視情況而定。

有人研究，與他人之間的親和性是基因管不到的特質，換句話說，家庭氣氛愈和樂，就愈能造就出容易與人親近的成員，與基因無關。

其實許多人格特質雖源自於基因，也非百分之百傳承而來，總有某個比例是環境可著墨之處。

有人將人格分成三型，所謂A型、B型、C型人格，也值得討論：

A型人格的特徵是野心積極、要求完美，B型人格是得過且過、胸無大志，而C型人格是壓抑情緒、做濫好人。

沒有人是單純的A、B、C型人，可能在某些方面要求完美，在別的事情上反而敷衍了事、草率隨便。

據統計，A型人格易罹患心血管疾病，B型人格易出車禍，C型人格易得癌症。

當然這只是統計而已，不是百分之百，只是提醒大家凡事不要走向極端，才是明哲保身之道。

另外值得一提的是所謂的心理生理失調症或心身疾病，這是因環境因素而影響生理健康的常見疾病，它的意義是一組症候群或軀體疾病，源自於心理問題，而這種問題又源自於對環境的錯誤解讀。

與心身症有關的病太多了，譬如頭痛、肥胖、體重減輕、消化不良、胃病、腹瀉、便秘、哮喘、高血壓……等不勝枚舉，當然這些病並不完全是心理造成的，心理問題或許是肇病因素之一，或許只是惡化因素之一，或許毫無關係，視個案而定。

目前最流行的說法是基因決定了發病的可能，然後致病因素，譬如情緒，引發了疾病。

如果能夠避免情緒不佳，就能降低或延緩疾病的發生，而情緒的管理將在生活態度篇那一章再詳述。

所以，不必認定自己的心靈得不到健康，只要勇於改變自己對環境的觀念，還是有希望的。

六、休閒

根據研究顯示，學童在課餘時候從事音樂、繪畫、運動等活動，比起看電視、打電動等，有更穩定的情緒表現，注意力也較佳。

一般工作或學習使用左腦較多，以至於在一段時間之後會呈現疲勞狀態，如果接下來的活動還是使用左腦，情緒恐怕不會好到哪裡去。

很少只有使用右腦的活動，但使用雙腦的時候，就足以讓左腦喘一口氣了。其實還有其他少用左腦的活動，譬如欣賞大自然，與動物接觸，或與幼童一起玩等。

其中，與動物接觸甚至可減輕老年癡呆症與自閉症，特別是接觸海豚或狗，會有很顯著的效果。

前面曾提到左腦的主要功能是邏輯分析，顯然任何很少用到理性判斷的活動都是好的休閒。

當然，有人認為睡覺是更好的休閒，也是許多學生在假日時的打發時間方法，但在平時不按時就寢，累積的睡眠債恐怕還不起。

女童通常比男童早學會說話，在上小學之後也比男生的語文表現好，原因就是女性在說話時常用到雙腦，而男性通常只用到左腦。

我認為可能是數百萬年來的演化造成的，因為男人外出狩獵，不需要用到太多語言，所以只用到單邊的腦，而女性在家養育小孩，需要使用大量的語言，所以雙腦一起來才夠用。

看電視的用腦效果很差，即使有新知介紹，也限於畫面的要求而犧牲許多細節，所以不能取代閱讀，有研究顯示看愈多電視節目的人，心智的貧瘠愈嚴重。

看休閒類書籍也是一種休閒，但我不推薦，因為還是使用掌管語言的左腦，且看太多對眼睛也不好。

我覺得遊山玩水是不錯的休閒，只是住在都市裡的人們較沒有機會，其實退而求其次，到公園、河濱、市郊也可以，如果什麼都沒有，抬頭看看天空、行道樹、或介紹山水風景的電視節目，也會有少許休閒的效果。

許多男人在閒著沒事做的時候，就會想看A片，而許多女人在閒暇時，就會想看或聽風花雪月的故事，顯示休閒的興趣沒有培養出來，只好藉情色來鬆弛心情。

情色固然有鬆弛的效用，卻不適合作為經常性休閒，沒有休閒習慣的人請多多培養怡情養性的興趣吧。

七、笑

一般人咸信，常常笑可以增強免疫力，多歸因於天性使然，強迫自己皮笑肉不笑是沒有用的。

的確，真正的笑與虛偽的笑在臉部肌肉的牽動數目上有差別，連笑聲在聲紋上也有細微的不同。

不過，在印度成立的大笑俱樂部卻宣稱有減少與緩和疾病的功效，難道不是發自內心的大笑也有用嗎？

曾有人做實驗，將接受實驗的人分成兩組，一組人將筆直直含在口中，另一組人將筆咬在牙齒間但嘴唇不含著。

然後請他們閱讀幽默的書籍，將好笑的程度報告出來。

結果顯示咬筆的人比較有正面的情緒，也就是覺得書的內容很好笑。

所以強迫自己擺出笑容，即使不是真正的笑，也有改善情緒的效果，這是生理影響心理的一個絕佳例子。

只是理論上可行，事實上未必可行，當心情不好的時候，很少人還能齜牙咧嘴、一笑置之。

有一項實驗也很有趣，將接受實驗的人的左眼遮住，請他以右眼看悲哀的故事，然後換成遮右眼，以左眼看類似的故事，再比較兩者的悲哀程度。結果竟然是以左眼看故事會比較難受，以右眼看會沒什麼感覺，很奇怪吧？右眼收到的右半部畫面送到左腦，而左腦擅長分析判斷，偏重理性，可能與正面情緒有關。

左眼收到的左半部畫面送到右腦，而右腦不擅長分析判斷，偏重感性，可能與負面情緒有關。

另有人做實驗發現，喜歡看別人的右半臉的人，右腦活動較強，而喜歡看別人的左半臉的人，左腦活動較強。

將上述兩個實驗聯想在一起，我覺得樂觀與悲觀的個性似乎與天生腦部的活動有關，不僅僅是環境教養的結果而已。

大笑俱樂部的活動如果只有大笑，必然持續不久，成員之間一定有精神上的互相支持，等於是社交聯誼、聯絡感情的聚會，當然有心理治療的效果。

強迫自己對著鏡子傻笑，絕對會覺得無聊而放棄，但找一些志同道合的親朋好友閒聊談笑，情緒上必然比獨處穩定。

已有人認為閒聊是人類語言發展的起因，所以不要認為東拉西扯、出口不成章，不如沉默是金，只要在言語上不中傷他人，聊天談笑是無害的，且可鍛鍊口才，不必視為洪水猛獸。

八、運動

根據最新研究，做有趣的運動、聽美妙的音樂、吃美食、吃古柯鹼等，其腦部電生化模式與做愛的狂喜類似。

請大家注意，必須是做自己有興趣的運動項目才有用，所以並沒有所謂最佳的運動，完全因人而異。

目前有人提出三三三運動方式，也就是每週至少有三次運動，每次持續三十分鐘，且使心跳達一百三十下或最高心跳率的60％～90％，據說這樣做才能增強心肺功能。

我認為心情的舒暢比較重要，且大多數人沒有恆心或時間，所以只要做有趣的身體活動且不覺得累，持之以恆就行了。

曾有科學家建議舉重是預防肌肉萎縮退化的最好運動，也有人認為是游泳，其實都不能適用於所有人，因為耳朵常癢的人，最好少游泳或必須戴上防水耳塞，以免惡化，而熱身不夠的人突然舉重，會有運動傷害的危險。

許多運動員身強力壯，卻飽嚐運動傷害之苦，平均壽命也沒有比一般人長，所以必須懂得預防受傷，否則再有趣的運動也會變成噩夢一場。

已有研究顯示，激烈運動時體內會產生自由基（free radical），對細胞組織有害，不可不慎。

當然，有人完全不喜歡運動，要如何從運動中獲得益處呢？

我的建議是與日常行程結合，就不得不做了，譬如能夠走路的地方，盡量不搭電梯或乘車，既可健身又可省錢，雖然不見得有趣，總比終日坐著沒做運動好吧？且沒有佔用太多的時間。

另有人推崇慢跑，其實是有潛在危險的，許多長期慢跑的人，膝蓋、脛骨、腳等部位會因壓力而出問題，所以除非有妥當的熱身運動與穿慢跑鞋，否則貿然慢跑是不宜的。

我比較欣賞有人提出的快走運動，因為適合絕大數人，且不會造成運動傷害，值得大力推廣。

快走不像比賽時的競走那麼快，也不像上班時的匆匆忙忙，心情必須放輕鬆，不要趕時間，就可以增強心肺功能了。

想從運動中獲得狂喜，必須培養出興趣才行，如果只是為了活久一點而從事無趣運動，可能無法持久，這是我的良心建議。

九、腦波

前面提到放鬆全腦，必須先從腦波談起，什麼是腦波呢？

腦部本來就有電活動，但非常微弱，有人利用貼在頭皮上的儀器，將電活動放大記錄在紙上，便是腦波圖了。

最常被記錄到有β、α、θ、δ四種波形，β波的頻率最快，接下來是α、θ波，最慢的是δ波。

β波常出現於清醒睜眼的時候，α波常出現於平靜閉眼或高度專注的時候，θ波常出現於剛剛睡著的時候，而δ波常出現於熟睡無夢的時候。換句話說，念頭愈少，β波愈少。

一個容易放鬆的人，在一閉眼的時候，就會出現比一般人還多的α波，特別是在後腦，至於傳說中在睜眼狀態也能出現α波的修行家，我相信是可以辦得到的，也就是到達所謂視若無睹的程度才行，有些陶醉在幻想世界中的小孩就有類似狀態。

睜眼的時候，視覺訊息傳至腦部，會使額頭的腦區運作，以決定下一個行動步驟，急速的β波就出現了，如果訓練自己對四周環境視而不見，就等於處於閉眼狀態，較慢的α波便會出現了。只專注於單一念頭時也會出現α波。

市面上有許多α波激發器，宣稱可提昇注意力，增強免疫力，甚至到達宗教界所言之高深境界，真的有效嗎？我不以為然。

大腦固然是一部電生化反應機器，或許可用外力改變其運作狀態，但思想觀念未變，等到激發器離開，保證故態復萌，能持續多久呢？

許多精神科醫師運用α-θ腦波生理回饋法（將病人的腦波同步呈現回饋給病人，請他們自行調整腦部出現α、θ波）來治療焦慮病人，也只是一種輔助療法，效果並不長久，還須配合藥物或心理治療才有用。

當然，追求速戰速決的現代社會歡迎各種放鬆的方法，譬如SPA、芳香療法、按摩等，我也不反對，但是不是該提倡治本的方法呢？

此外，β波不是罪惡的淵藪，它是演化的產物，幫助人們思路敏捷，計畫未來，遠古時代環境凶險，沒有β波的人根本無法存活下去。

有人說α波是創意的培養皿，其實是不太對的，許多公司的研發來自於團隊的腦力激盪，這種方法正好是β波的特性，與α波關係不大。

正確的說法應該是，偉大的發現必先經過絞盡腦汁的β波的階段，等到實在想不通，只好完全不想，較平靜的α波便能發揮靈光乍現的效果。

在做事的時候盡量多出現一些α波，在沒事做的時候不要維持完全β波狀態，就是比較健康的人，因為已減少了β波的胡思亂想，又有α波的專注，這是我的想法，給大家參考。

十、放鬆

科學家曾對超覺靜坐（TM）進行了大量的研究，發現靜坐者的呼吸顯著變慢，心跳也減少，血流趨向穩定，且膽固醇指數下降。

但最近的研究顯示，催眠、靜坐、練功、瑜伽、祈禱、生理回饋、單純肌肉放鬆等不同方式，都有類似的效果，沒有殊勝之處。

我認為這是非常合理的，因為金氏世界紀錄上最長壽的人瑞（122 歲，已去世）也沒有練什麼放鬆絕招，只憑日常固定的休息，就活得比氣功大師還久，雖然基因決定了壽命的可能範圍，但未免差太多了吧（很少人活過 110 歲）。

許多人不懂這樣的道理，選在半夜裡念經、練功、或祈禱，不好好睡覺，結果神明還不一定見得到，身體就先衰弱生病，豈不是得不償失？

許多高深的宗教境界是在徹底放鬆的情形下，才有可能體驗到，也就是在出現θ、δ波之際，如果不遵照大腦的特有模式，妄想在緊張的情況下悟道，無異緣木求魚（高度緊張時也能出現α波，但持續不久）。

換句話說，刻意增加睡眠時數，雖不能通達玄妙，起碼有足夠的放鬆，但理由必須是增加休息機會，而不是逃避現實，有些憂鬱症患者有嗜睡情形，反而要少睡才能減輕症狀。

放鬆除了可提高免疫力之外，還有轉移病痛注意力、使頭腦冷靜等效果，但有些人就是無法放鬆，因為一旦獨處不動，反而胡思亂想起來，我的建議是加上冥想。

關於靜坐冥想本書有專章詳細討論，這裡只強調，我不相信靈魂學家所言之咒語手印的奧妙，但冥想至少可以減少雜亂的念頭，而念頭愈少，β波就愈少，腦部放鬆的機會便會增加了。

只要冥想的內容不涉及怪力亂神，我都贊成，愈舒服愉快的想像愈好。

如果想悟道，冥想方法就不能天馬行空了，必須觀想體內，這是我個人的研究所得。

一般人所言之真理，似乎是科學與哲學的目標，其實徹底的放鬆與正確的冥想是另一條途徑，在生命意義篇那一章會再詳述。

一、簡介

超心理學（parapsychology）的本來意義是心理學的旁支，並不是正統的，專指不能用已知的科學來解釋的心理現象，國人所謂的靈異現象或特異功能便是其主要研究範圍。

根據我的研究，靈異現象的調查尚未出現有意義的結果，而特異功能之中被研究最多的是超感知覺 ESP（extrasensory perception，譬如心電感應、透視、預知等），以及心靈致動（psychokinesis，或譯為念力移物），有些值得討論，已出現於部分心理學教科書中。

時至今天，超心理學仍陷入極大的爭議之中，贊成與反對靈異的學者壁壘分明，雖然我不屬於任何派別，依然詳細討論兩者的意見，以接受公評。

坦誠而言，超心理學是心靈的終極之謎，不拿出來討論就好像缺了什麼關鍵，請大家暫時放下成見，看看爭議的內容是什麼。

超心理學雖然不算是正統的學術，在發展的過程中仍有許多值得學習的地方，譬如如何以嚴謹的科學態度看待神秘現象，如何不以偏見來解釋靈異原因等。

目前有幾項標準是大家公認的，必須滿足這幾項才算是有效的研究：

1.控制嚴謹：

許多超能力實驗與靈異調查的最大漏洞就是不夠嚴謹，我認為必須以儀器嚴密監控整個實驗過程，並忠實記錄數據，以嚴謹的統計算出結果，最好請魔術師在場監督才有說服力。

有些實驗的樣品必須遵守幾個原則，譬如樣品是唯一的、不可複製的、不可修復的，且符合雙盲或三盲原則，也就是實驗者與接受實驗的人都不知道樣品的內容，這樣才能杜絕不嚴謹的結果。

2.可重複驗證：

可重複驗證的實驗才是嚴謹的，如果靈異實驗不能重現效果，就很難進入科學的行列，目前只有整場程序算是勉強及格，容後再談。

3.考慮鎖抽屜（file-drawer）問題：

許多研究者將大量無效的實驗結果鎖在抽屜裡不發表，只公布出現奇蹟的實驗，這是必須考慮的，所以無效資料的公開刊登是必要的，我認為超能力本來就是偶發的，不需要渲染成神力。

4. 排除欺騙：

研究者做了太多無效實驗，只好竄改數據以利刊登與維護聲譽，這種例子已發生過許多次了，所以對於戲劇性的實驗結果必須存疑，甚至以測謊來證明真實性也不為過。

5. 建立鑑別標準（demarcation criteria）：

懷疑論者常將有意義的實驗結果歸因於巧合，這是不得不考慮的因素，到底靈異現象有沒有鑑別標準呢？我認為很難建立起來，所以將巧合與超能力一同列入有意義的實驗報告中，留待後人來評價，可能是比較允當的做法。

正確看待靈異事件，是心靈健康的重要一環，不可忽視。

二、幻覺

超心理學中最弱的一環就是幻覺的研究，請大家先看一則故事：

請五歲的小孩看一幅斑馬的照片兩分鐘，然後請他們閉上眼睛，算一算斑馬背上的條紋數目。

根據統計，百分之五十的受試者可說出正確的數目，這種能力謂之照相機記憶或「心像」，通常於成年後消失，只有少數人仍維持這種能力。

許多人於年幼時見鬼，或許與心像能力有關，我也有類似的恐怖經驗，看到的鬼與真實的人沒什麼不同，以至於嚇壞了。

聽幻覺比視幻覺更常見，許多精神分裂者總是聽到可怕的話語，其實是腦中辨識自己與他人聲音的機制出了問題，而一般人可能在極度緊張或興奮時，聽到死去親友或神的聲音，也是同樣的道理。

巴金森氏症患者在早期發病時，會有異常的嗅覺出現，而沮喪的人的嘴裡會有苦澀味道，或聞到自己的氣味，至於觸幻覺就更尋常了，任何人都有皮膚莫名其妙癢起來的經驗，顯示正常的五官都有出問題的時候。

有時，這些幻覺會結合在一起，創造出栩栩如生的體驗，譬如與鬼接觸或握手，竟產生冰冷的觸感，令見鬼者深信不疑。

值得一提的是，在偏頭痛或癲癇發作前可能會出現所謂的先兆（aura），內容也是五花八門，各種五官的幻覺都有，譬如我曾看見鋸齒狀的閃亮光弧，歷經十幾分鐘才消失，雖然偏頭痛沒發作，卻不太舒服。

有些癲癇患者在發作前，會有上腹疼痛的感覺，謂之上腹先兆（epigastric aura）。

有些癲癇患者在發作前，會有夢幻的狀態，謂之回憶性先兆（intellectual aura）。

另有些癲癇患者在發作前，會有局部動作或突然向前跑，謂之運動性先兆（motor aura）或奔跑性先兆（aura procursiva）。

我的意思不是見鬼的人都有癲癇或偏頭痛，但有證據顯示腦部活動異常的人，總是會看見奇怪的影像。

許多人認為發燒狀態容易見鬼，其實就是腦部功能因發熱而產生異常，不必解釋成開了陰陽眼或天眼。

當然，教人不相信自己的親身經歷是很難的，即使像我這樣鐵齒的人，也曾因見到鬼而迷信得一塌糊塗，直到成年後才慢慢轉變，中間有數十載的無知歲月。

所以我能體會見鬼者的心情，也從不批評他們是神經病，雖然的確是腦部的神經出了短暫問題，但這種生理問題大多不持久，這也是很少人常常見鬼的原因。

如果常常撞鬼就必須看醫生了，可是國人常求助於乩童或靈媒，使得腦部問題未獲根本的解決，令人搖頭嘆息。

三、電磁效應

在加拿大索德柏立的勞倫西安大學（Laurentian University）裡，著名的麥可帕辛格（Michael Persinger）教授自 1971 年起，從事腦部與電磁場的關係研究，成果令人刮目相看。

他將電線纏繞在安全帽裡，讓矇眼的受試者戴上，然後接通各種強度的電流，時間近一小時，等於製造磁場來干擾腦部電訊。

比較特殊的是，當磁場對準腦側邊即顳葉區（temperal lobe）時，會產生慢波痙攣（slow-wave seizure）的現象，受試者經驗了譬如漂浮、快樂、旋轉、恐怖、遇上外星人、耶穌、天使、上帝等奇異感覺，連所謂的靈魂出竅體驗也出現了。

這是有史以來在腦部發現了與宗教有關的區域，有些靈魂學家也轉得很快，立刻詮釋為神鬼與人溝通的腦區就是顳葉，捨棄過去所謂的第三隻眼也就是腦中央的松果體（pineal body）。

我無法否定這樣的說法，但隨著科學的進展而一再修正自己的說法，豈不令人懷疑教義的正確性？

另有一些所謂的淘氣鬼現象，也就是屋內的物品在沒有碰觸的情形下自行移動，我認為許多案例根本是惡作劇或誤傳而已，至於少數被列入所謂心靈致動的案例，可能與人體靜電有關。

據說人體偶然可發出強大的靜電，比一般人高出十倍以上，可能與緊張不安、懷恨他人、無法專心、情緒起伏、偏頭痛、風濕病、坐骨神經痛、食物中毒、懷孕等有關，其詳細機制並不清楚，以女性居多，她們所到之處，電氣設備會故障或失常，一些小型物品也會莫名其妙的移位。

當然，極少數的案例無法解釋，或許就是神秘的心靈力量所致，但絕大多數案例的淘氣鬼是不存在的，以人體靜電來解釋便綽綽有餘。

如果真的有神秘的心靈力量，總是與某位情緒不穩的人有關（通常是青少年），只要他（她）不在現場，東西移動的現象就不會出現。由於當事人沒有移物的念頭，不能稱之為念力移物，且未經詳細調查，很難排除人體靜電的作用。

我認為真正的念力移物只能影響分子層面，譬如在無規事件發生器（random

number generator）的實驗中，很多人都可以意志力偶然影響電子的活動，詳見拙著《哈利波特的沉思》一書，但有什麼用處呢？

使電子改變運動軌跡，與真實人生完全無關，卻被許多人渲染為影響巨觀世界的超能力，實在是不可思議。

四、整場程序（Ganzfeld procedure）

整場程序是被研究最多的超能力實驗，由於累積了大量資料，連一些懷疑論者也承認最後的結果有顯著的意義，只是需要更多的後續研究而已。

在介紹這種實驗之前，先談談感覺剝奪（sensory deprival）的意義。

當一個人的視覺與聽覺被剝奪之後，潛意識的訊息會填補上來，例如在夜深人靜的時候容易見鬼，就是因為在太黑太靜的地方等於感官被剝奪了，而腦部在缺乏感覺回饋的情形下，會自行創造感覺與思維。

超心理學家便假定，此時的腦部也可以接收神秘的訊息，譬如他人的念頭。

靈魂學家通常不考慮幻覺的存在，直接將潛意識認定為接通靈界，雖然在解釋上似乎非常方便，但製造了更多問題，譬如精神病患見到的奇幻世界難道也是真的嗎？每個通靈人見到的世界都不一樣，如何判定誰說的才是真的？難道見到鬼魂最多的就是功夫最好的？萬一是吹牛怎麼辦？所以我個人暫不接受靈界的說法。

整場程序便是一種感覺剝奪的實驗，過程是這樣的：請傳送訊息的人看幻燈片，然後設法以心思傳送圖片影像至隔壁房間內的接收者。而接收者在四周寂靜無聲且只有昏暗燈光的室內躺著，兩眼各罩著半個乒乓球或眼罩，耳朵戴上發出混合噪音（white noise）的耳機，等於阻隔外界噪音與光線的影響。

有的時候傳送者可用素描的方式，畫下幻燈片的圖案細節，據說有利於心思傳送。

傳送結束後，請接收者看四張幻燈片以決定哪一個才是傳送的訊息。這個實驗是測驗心電感應的正確命中率，如果是用亂猜的話，機率為四分之一（25％）。

一個題外話，我很反對心電感應一詞，因為極不精確，接收者不可能分秒不差的收到傳送者的訊息，萬一在數小時之後才收到，難道也算嗎？如果提前幾秒收到，應該算是預知才對，所以心電感應的說法應該揚棄。

對神秘現象吹毛求疵是必要的，希望大家也有同樣的態度。

整場程序被許多研究者反覆使用，目前已有共識出現，就是命中率達32～38％以上，即可視為有顯著的統計意義，因為想達到38％命中率的機會只有十億分之一。大部分的實驗室都達到這樣的結果，有少數實驗室做出更驚人的成績。

懷疑論者認為，實驗的過程雖然嚴謹，仍有一些實驗室做不出顯著的結果，所以頂多承認大約三分之一的命中率是存在的，但不相信是神秘的心靈力量所致，或許有尚未明瞭的其他因素介入。

我認為傳送者與接收者的精神狀態可能對結果有影響，專心的程度應該是傳送過程的決定因素，精神散漫與胡思亂想應該不利於結果。

曾有人做過類似的實驗，以五種不同圖案的卡片（ESP卡）測試，一般人在看不到的情形下可以猜對五分之一，亦即20％，但經過數萬次的測試後，可達28.4％，好像比巧合略高一些。

其他實驗譬如國內有人測試所謂手指識字，實驗過程有不少漏洞，不符合前面提過的幾項標準，雖然我認為猜測紙團裡的字是有可能偶然成功的，但不相信實驗者經常做出的高命中率報告，其中可能有魔術手法介入，詳見拙著《哈利波特的沉思》一書。

整場程序的實驗暗示了可能有未知的力量存在，我提出一套沒有神鬼介入的理論，將於下一章討論。

五、信息場理論

沒有超常感應經驗的人，似乎很難理解神秘現象，但只要問問自己的親朋好友，總是可以查到一些特殊事件，其中應該有值得探究的地方。

曾有人夢見第二天才遇見的四位陌生警察，也有人夢見第二天才謀面的一位陌生法醫，這些都是真實的事件（詳見參考資料），以巧合來解釋似乎有點牽強，以靈魂學來解釋也治絲益棼，怎麼辦呢？

John William Dunne 曾提出所謂序列理論（serial theory），我認為可解釋超感知覺的部分原因，其核心內容是：時間是各層重疊的無限連續序列，而非一條平順的河流體。這個意思是，過去時間中發生的任何事件，並未隨時間而消失，可能存在於未知的能量場中，可藉由大腦抽取，猶如在密密麻麻的圖書館資料庫中，找到一份時間凍結的光碟檔案。

這種說法與一般人對時間的認知不同，我的看法是萬物的活動包括腦海裡的念頭，在時間的洪流下似乎稍縱即逝，如果假設它們隱沒於不可知的空間中，前面提到的預知四位陌生警察之夢就很容易解釋了：四位警察預備在第二天到達某地點的念頭並未消失，可能凍結於某個未知的世界中，而陌生人的腦部於夜夢中偵知，然後整理成相遇的畫面。

即使接收者位於千里之外，也有感應成功的例子，顯示念頭隱沒於物理學上仍未知的領域，至於如何感應則不甚清楚，只知腦波處於θ、δ波時比較容易成功，或許與腦深處，譬如腦幹（brain stem）有關。

什麼是未知的領域呢？我的假設是某種信息場，可能與宇宙誕生前的「無」狀態有關，也可能與太空的黑洞有關，簡言之就是一種時間不存在的狀態。

雖然是假設，但排除死後靈魂世界的存在，且與天文學聯想在一起，應該不算是離譜的怪力亂神說法。

大家想想看，信息場理論雖然也是玄之又玄的說法，起碼拉近科學與靈異的距離，這不就是找出真理的正確方法嗎？否則科學與靈異各行其是，不互相迸出火花，世界大同之日將遙遙無期。

信息場在解釋上很好用，即使是最神奇的案例也可以套用，譬如我的朋友曾於冥想中看到我家中的家具顏色與圖案，但他從未來過我家，以巧合來解釋當然可以，但機率極低，不能排除超感知覺的可能性，以信息場來解釋就是如下所述：

當時朋友正在淨空腦中的雜念，或許在θ、δ腦波時，接收到我家的家具信息，而他的腦部曾接受我的儀器測試，證實在清醒時有產生θ、δ波的能力。值得一提的是他原本以為是幻覺而不以為意，與我聊天之際才意外說出，卻一語中的。

也許有人不同意信息場理論，但我已盡力詮釋了，至今仍找不到更好的解釋方法。

六、預知

Discovery頻道曾播出這樣的實驗，以電腦輪流播放四張撲克牌給接受實驗者看，同時測試其腦波，然後播出第五張牌，而這張牌是前面四張牌之一的重複。

簡單的說，如果四張撲克牌是黑桃2、4、6、8，第五張可能是出現過的黑桃2，實驗的目的是觀察腦波，結果發現看了四張撲克牌的腦波圖裡，波形與眾不同的竟然就是看了黑桃2的腦波圖。

接受實驗的人似乎在下意識裡可預知第五張牌是什麼，雖然他在意識上完全不知道。

預知是最難理解的能力，譬如我的朋友從未預告會發生什麼事，卻成功的預知某位演藝圈名人被殺，這是真實的事件，因為他在事件發生的三天前就告知我了，以巧合解釋稍嫌勉強，以信息場理論來解釋也很困難，整個過程的機制可猜測如下：

凶手的謀殺念頭在四天前應已出現，被我的朋友的腦部意外偵知了，然後整理成模糊的謀殺概念。

但問題來了，為什麼會偵知陌生人的念頭？為什麼只是概念，而不是明確的謀殺場面？

我的答案是未來尚未發生，所以腦部整理出來的畫面不可能與未來一模一樣，若有部分雷同純屬巧合。當時朋友的身心狀況不佳，或許比較容易接收負面的信息。

任何傳說中完全一模一樣的預知，都必須被懷疑，譬如林肯總統曾夢見自己被殺，結果在一週後真的被殺，在以訛傳訛之下，好像林肯預見了自己的死亡。

其實，真實的謀殺現場與夢裡的場景是不一樣的，很多靈魂學家沒有注意到這點，以至於做出靈魂飛到未來的詭譎推論。

林肯總統的腦部或許偵知了凶手的預謀，而整理成夢境，也可能只是擔心自己被殺，日有所思夜有所夢而已。

在量子力學裡有所謂蟲洞（worm hole），意謂在極微小的粒子世界中，可藉由這種洞穿越時空的限制跑到未來，與預知本來是無關的。

許多靈魂學家樂於引用蟲洞或黑洞的理論來證明預知力，但大部分的物理學家反對預知力的存在，豈不是很奇怪？

我認為預知與巧合是糾纏不清的，僅有少數案例可能不是巧合譬如在恍惚之中看到未來的畫面，至於有不好的預感、手指頭扎到針、心臟突然猛跳等，根本不能排除巧合的可能。

由於預知的畫面與真實的未來場景總有些許不一樣，便成為懷疑論者攻擊的焦點，所以淡化預知的神奇是必要的，因為永遠不能排除巧合的可能，且從未證實有人能藉預知而躲開災禍。可以這麼說，預知只是偶發事件，頂多是腦部意外接通信息場的隨興之作。

相信預知是跑到未來，就等於相信宿命，對人生有消極負面的影響，請大家留意。

七、鬼魂證據？

前面提到靈異現象的調查沒有結果，或許有人不同意，我解釋如下：

1.靈異照片與錄影：

攝影學已幾乎破解所有靈異照片，沒有什麼靈異成分，剩下來的少數特例，拍照者都未接受測謊，所以不能證明什麼，而靈異錄影也未排除光影上的巧合與造假的可能，所謂非凡的發現需要非凡的證據，所以我不相信這類證物。

2.鬼屋：

已有人發現，腦部活動異常、曾遭受到電擊、住在花崗石建材中或地震斷層線附近、屋內有雜亂電器陳列、有精神問題的人，容易見到鬼，加上眾所周知的鬼屋的強烈暗示作用，一點風吹草動或光影晃動，就很容易產生錯覺或幻覺，所以不能作為證據。

3.同時或同處見鬼：

兩人以上同時撞鬼，或某個路口有女鬼徘徊，使經過的車子相繼出車禍，似乎是鬼魂的鐵證，但在仔細隔離查證之下，幾乎沒有人見到一模一樣的鬼，或根本是對附近白色或其他顏色的物體產生錯覺，而少數案例可能有接通信息場的情況發生，也就是其中一人產生幻覺，另一人感應到這個幻覺，但極為罕見。

4. 拿到證物？

相傳有人拿到鬼魂交給他的冥紙或其他東西，我認為是見鬼的人忘了自己本來就有的東西，而在幻覺之後誤認為證物，只要查一查東西上有沒有朋友或別人的指紋，就可以知道是哪裡搞錯了。

5. 託夢成真：

某人去世後，親友或陌生人在夢中見到他交代一些事，結果後來證明是真的，譬如珠寶埋藏於何處，屍骨埋葬於何處，棺材內進水等，我認為這種事不容易查證，不排除穿鑿附會的可能，如果真有其事，也可以解釋成做夢者的超感知覺，也就是接通了特定地點的信息，不必想成亡魂入夢。

6. 通靈附身：

有人認為，鬼魂可以附在靈媒或親友的身上，然後發出生前的聲調與表現特殊的情感，我覺得都是因自我暗示而陷入意識解離狀態，由於缺乏冷靜的第三者判斷，過分悲傷的親友在未經仔細查證之下就誤認為鬼魂附體，而通靈過程也會偶發超感知覺，更增添了所謂真實性。

7.查證屬實？

有些見鬼案例很特別，譬如見到的鬼就是死於該處的亡者，我認為必須詳加調查，排除牽強附會或巧合的可能，如果見到的鬼與亡者酷似，或許與接通信息場有關，也就是所謂的溯知（retrocognition），亡者生前的活動被意外得悉了，還是不必用鬼魂來解釋，至於與鬼魂交談就屬於幻想的範圍，而接通信息場與幻想是可以並存的。

以上所述雖有我個人的見解，但超感知覺在解釋上已綽綽有餘了，實在不必再加上詭異的靈魂學，使問題複雜化。

當然，有人認為鬼魂可能是真的，只是很難做實驗而已，所以在超心理學裡的地位遠不如超感知覺，這樣的說法雖言之成理，卻不能不考慮與科學的矛盾之處。

可以這麼說，科學與靈學幾乎是完全對立的，但對有意義的超感知覺實驗就沒那麼反對了，而且像我這樣反對鬼魂，卻偶然出現超感知覺的人也有，顯示不必套用靈學也可以解釋神秘現象。

曾有靈魂學家振振有詞的宣稱自己不相信怪力亂神，實在搞不清楚他到底在說什麼，或許是我的語文理解有問題吧。

八、分身？

回顧喧騰一時的宋七力案，到底有沒有「分身」的可能呢？

以信徒的立場而言，師父的分身是親眼所見，且自認為沒有受到催眠，所以很難不去相信師父的功夫。

其實不必使用催眠，僅以暗示（suggestion）的作用，就可以產生正向幻覺，也就是看到不存在的人事物，宋七力先生到處宣揚自己能夠分身或定身，就是一種暗示作用，雖然沒有使用催眠的放鬆指令，依然可產生效果，而幻覺的產生只限於信徒，因為內心排斥的人是不可能接受暗示的。

曾有對花粉過敏的氣喘病人，在不知情之下，看到醫師拿來的假花，竟然發作氣喘，醫師雖然沒有使用催眠，卻發揮了假花的暗示的作用，使病患以為真有花粉吸入鼻腔，而花粉與分身是同樣的道理。

其實，想證明宋七力先生有沒有分身是很容易的，只要模仿他的肢體語言與講話聲調，再戴上酷似他臉龐的面具，對著不知情的信徒「發功」，一樣可以產生分身的效果，這是催眠學界早已熟知的法則。

有時僅僅播放假的錄影帶，人不必在場，只要模仿得唯妙唯肖，也可以產生效果，許多氣功大師便是利用這樣的暗示原理製作錄音帶或錄影帶來大發利市，遇到沒有感受到效果的人，便嘲諷為慧根不夠。

至於有人看到自己的分身（autoscopic delutuions）或靈魂出竅，目前已知道有各種原因，除了重大車禍或溺水以外，還有腦血管病變、週期性頭痛、腦瘤、腦炎、酒精中毒、吸食LSD等迷幻藥、癲癇、精神分裂、精神疲憊不堪、睡眠剝奪、自戀、肉體極度勞累、歇斯底里、自我催眠或冥想、長時間唸咒或狂舞、某些藝術工作者等，都有可能出現兩個自己分佔不同空間的幻覺。

甚至僅以電流刺激左顳葉（temporal lobe 耳朵部位的腦區）上部之 Sylvian fissure 附近，或右顳葉的角迴（angular gyrus）附近，也可以產生這種幻覺。

當然，世上仍有神秘的事物，譬如宇宙誕生、量子現象、意識本質、少數超感知覺等，但分身完全不屬於這些範疇，純粹是腦部的幻覺而已。

暗示作用無所不在，以宗教幌子來詐財騙色的「大師」深知這種原理，甚至到了欺騙自己的程度，宋七力在法庭上竟然想定住在場警員的身體，結果當然是毫無作用，但是許多高級知識份子依然深信不疑，顯示心靈教育刻不容緩，值得教育當局重視。

九、靈魂出竅？鬼壓床？

前面曾提到靈魂出竅的原因，我也有這樣的幻覺可以跟大家分享：

有一天夜裡，我突然發現自己站在仍在睡覺的身體的旁邊，大吃一驚之餘，心想我靈魂出竅了，可以好好探索靈界了，因為那個時候我仍相信靈界的存在。

這時，正前方有一道牆，我想一定可以穿越過去，因為靈魂可以穿過任何東西嘛，結果很怪異，我衝進一團黑色的泥濘中，感到很不舒服，於是就驚醒了。

醒來後發現正前方不是一道牆，而是一面落地窗，顯示這只是一場夢而已，或是所謂的清明夢罷了，詳見睡眠與夢篇。

可惜有出體經驗的人多缺乏科學求證的精神，不願意研究出體所見與真實情況的差別，一味強調雷同處，殊為可惜。

事實上，連所謂的雷同處也有問題，睡眠中的身體是蓋著棉被的，許多人連棉被的式樣也搞不清楚，就以為出體所見是真實的，為什麼不好好想想呢？

出體的人常說看不見房間裡的景象，只看見自己的身體，但沒有理由只看到身體，卻看不到遮在上面的被子？

在出體之際不要急著拜訪夢中世界，不如好好研究自己的身體姿勢與衣服式樣，不是比較有研究精神嗎？

這是非常簡單的查證方法，卻很少聽說有人這樣做，顯示科學教育不夠扎實，無法進入一般人的潛意識中。

至於所謂的鬼壓床，我的經驗就更多了，其中一次值得跟大家探討一番：

有一天清晨時刻我醒來，卻發現動彈不得，因為有一團黑色的東西壓住我的胸腹部。

當時我的兒子躺在旁邊睡覺，我卻以為這團黑色怪物是他，在掙扎無效之後，勉強睜開眼睛，看見明亮的天花板，然後再閉上眼使盡吃奶的力氣，最後突然可以移動身體了，有如釋重負的感覺。

在鬆一口氣之餘，看到旁邊的兒子仍睡得很沉，他的手腳也沒壓在我的胸口上。

大家想想看，我兒子怎會是怪物？原來那一陣子他常常不睡覺，弄得我心力交瘁，可能在潛意識中將他視為可怕的象徵。

而鬼壓床在醫學上稱之為睡眠麻痺（sleep paralysis），其實是清醒的意識還未能控制身體所致，常發生於做夢期或極度疲勞之後的乍醒，根本沒有鬼魂介入。

許多有鬼壓床的人常會看到黑色的人或怪物，因為黑代表神秘未知的東西，總是有令人恐懼的地方。

或許有人認為，我只是把鬼魂誤認為我的兒子，雖然言之成理，卻有狡辯之嫌，因為那時天色已大白，難道鬼魂也會現身？靈魂學根本無法自圓其說。

所以，以科學來解釋還是比較妥當。

十、念力？

日本人江本勝發現，水的結晶在聽到美好的字句時會呈現美麗的形狀，在聽到不好的言詞時會呈現不規則的形狀，台北福林國小某班級學生也做類似的實驗，發現聽好話的飯與聽壞話的飯有不一樣的發霉現象，而不予理會的飯最先發霉，水與飯可以聽得懂人話嗎？先讓大家看看人類的意志能影響物質到什麼程度：

有關念力研究中最有成果的，是所謂無規事件發生器（random number generator）的實驗，這機器是一種隨機放射出次原子粒子的裝置，放射源為鍶90，它會使九個排成環狀的燈泡之一亮起來，每次燈亮的方向也就是順時針或逆時針，各有50％的機會。

根據各種實驗結果，的確有人比較容易控制燈亮的方向，也就是比胡亂猜的50％的機率高，但總是發生在開始階段，如果一再反覆猜測，機率就會降至一般人的水平。

另外，心情輕鬆愉快者的命中率似乎比緊張嚴肅者高，聽音樂者比算數學者高，有打坐或超常知覺經驗者也比沒有的人高，這些不太嚴謹的報告好像透露了一些玄機，但仍需更多毫無破綻的實驗才能證實。

這種儀器被大量使用於各國的超能力實驗中，一度成為最客觀公正的利器，為何仍有問題呢？

其實是在解釋上出問題，命中率較高的人是運氣特別好呢？還是超能力展現了呢？還是機器未經過大量的測試統計呢？

懷疑論者雖挑不出無規事件發生器的重大缺失，仍可以巧合來解釋高命中率的案例，至於前面所提之情緒影響表現的案例，也非見於所有報告，所以沒有共識出現。

另一方面，超心理學家以超能力不穩定來解釋各種報告，卻無法解答懷疑論者心中之疑惑，我個人認為實驗很難做到盡善盡美，也是超心理學難以突破的原因。

我個人認為意志力只能影響物質的微觀層面，所以水的結晶或可受到影響，而飯是巨觀層面的東西，不太可能有任何改變，至於也是微觀層面的霉菌或許值得研究。

江本勝本人在做實驗時未離開現場，是一大缺憾，如果請不懂日語的外國人重複做他的實驗，等於去除意志力的影響，我不相信實驗結果還會一致。

而飯發霉的實驗破綻就更多了，除了溫度濕度未控制以外，容器也未經消毒，而且壞話的音量較大熱氣較多，會不會影響霉菌生長，也必須考慮進去。

十一、瀕死體驗

「我看見自己的身體躺在下面，醫生在努力急救……」

「我飛進一個漆黑的隧道，盡頭有耀眼溫暖的光輝……」

「我看見親人圍著我的身體哭泣，但他們不應該傷心，因為我在這裡覺得非常舒服……」

「我走進神的光芒中，頓時理解了生命意義與宇宙奧秘……」

這些都是所謂的瀕死體驗（near-death experience），泛指接近死亡的人的內心經歷，由於定義模糊，科學界至今仍未有定論。

由於各家的統計報告差距很大，我以常見的現象來說明，並嘗試解釋其腦部機制：

1. 脫體經驗：

即俗稱之出竅經驗，瀕死者常宣稱自己的靈魂飄浮於肉體上方，看見四周的環境與人群，由於這類體驗與真實情況相去不遠，譬如見到醫護人員的急救過程，常被宗教人士認定為出體的鐵證。

有人認為，瀕死者可能聽到了醫護人員的話語與動作聲音，醒來後誤以為視覺上的體驗，因為聽覺可能是死亡或麻醉時最後消失的感官（有人認為是觸覺）。

另有人以通感（synesthesia）來解釋神奇的案例，也就是瀕死者腦部自動將四周的聲音轉變成視覺影像，對一般人來說似乎不可思議，其實通感常發生在大腦尚未成熟的幼兒，成年人的腦部分工已完成，除非瀕臨死亡的重大衝擊，腦部退化成幼年狀態，否則不太容易發生這種體驗。

其實，許多案例未經仔細查證，且有不少案例說錯了，譬如以為家人趴在病床邊痛哭，結果醒來後發現根本沒有人哭。而從小失明的瀕死者未曾證實發生過出體，顯示脫離身體的真實性有問題。

如果瀕死者說中聽不到的訊息，譬如病房外或遠離現場的情形，除了巧合之外，我認為無法排除超感知覺的可能性。

至於為何不是從下方看身體的背部，非要浮在空中俯視肉體呢？答案可能是腦部運作改變了，以下是我的推論：

顳葉（temporal lobe）的角迴（angular gyrus，位居耳朵上方），以及枕葉（occipital lobe，後腦視覺區），可能是瀕死體驗的放電腦區，而左頂葉（parietal lobe，頭頂的左後方）可能是掌管自我或方向感的腦區，在死亡之際會停止活動。

瀕死者醒來時，頂葉會恢復優勢活動，於是將之前的顳葉訊息解讀為神秘的非自我體驗，什麼是非自我？只好認定為出體了。

左頂葉的活動消失也會使人經驗到「更大的存在」，因為自我消失了，而天空一向是人類所認定的更大的存在，所以不會從下方看身體的背部，只能詮釋為從空中俯視肉體。

2.幸福感：

瀕死者常經歷無法形容的喜悅或舒適，已有人認為是腦內啡呔（譬如β-endorphan）的作用，因為大腦深處在緊急狀況下會分泌這種類嗎啡物質，使痛苦消失，並出現舒服的感覺。我認為多巴胺（dopamine）與催產素（oxytocin）可能也有關係。

3.進入隧道：

有些瀕死者經歷漆黑的隧道，並於隧道末端遇見明亮的光，已有適當的解釋，就是頭後方的視覺腦區細胞亂放電所致，而掌管視野周圍的細胞活動較多，故呈現出隧道的影像。

事實上，腦部在進入缺氧的狀態下，彷彿剝奪了一切感覺輸入，會任意放電以至於產生幻覺，所以我認為視覺的推論不無道理。

4.遇見死去的親友：

瀕死體驗者有時會遇上已故的親友，其實也有見到仍在世的人的案例，顯然以幻覺來解釋才完全說得通，至於為何只見到特定人士，應該與情感的依歸有關。

5.回顧一生：

大腦的深處有兩個地方叫做海馬迴（hippocampus）與杏仁核（amygdala），與過去記憶的保存有關，我認為瀕死體驗者會快速的回顧一生，如錄影帶快播一般，可能是這兩區在活動所致。

6.看見白光：

我認為看見光與神靈無關，因為日本人的瀕死體驗大多是目睹美麗壯觀的景色，沒有耀眼的白光，顯然文化知識背景才是決定看見光的條件，當然這些都是視覺區的作用。

7.看見美麗的顏色：

前面曾提到視覺區腦細胞隨意放電，我認為掌管顏色的區域在活動是主要原因，而靜坐者也常看見繽紛多彩的顏色，原因相同，不足為奇。

8.聽到仙樂：

由於顳葉區與聽覺有關，所以瀕死體驗者常聽到美妙的音樂是很有可能的，但有些案例聽到的只是噪音，顯示只是顳葉的隨機放電而已。

9.了解真理：

真理是什麼？瀕死體驗者通常會說不出所以然，或說「天人合一」就是真理，語言無法形容。

依常理判斷，左頂葉的活動消失相當於自我消失，應該就是時間消失，什麼都沒有，怎會有天人合一或感應更大的存在呢？

我認為除非人與天本為一體，否則是說不通的，奇妙的是人類與宇宙萬物的本質完全相同，也就是由一百多億年前宇宙誕生而來的粒子組成的，所以瀕死體驗者或許真的洞悉了真理也說不定。

自我消失，意謂被掩蓋的人類本質露面，我認為天人合一的說法很合理，只是無法以科學驗證，大家參考參考吧。

10.見到神明：

瀕死者可能見到上帝、耶穌基督、佛陀、阿拉、菩薩等，顯示會見到神明的人通常相信神的存在，或至少不排斥，無神論的瀕死體驗者會說遇見了偉大的生物或自己就是神，我認為最後的說法比較合乎實際，因為等於天人合一的說法。

以上是常見的瀕死體驗，事實上只有出體與幸福感的發生率超過五成，其他的體驗都很少。下面是瀕死體驗者的後來變化，也值得討論：

1.普遍性宗教觀：

許多學者喜歡藉瀕死體驗來鼓吹特定教義，其實當事人反而比較不侷限於宗教觀，尤其是原本常去教堂的變得不愛去了，因為他們覺得不需要靠教會就可以親近神，且認為所有宗教的本質都是一樣的，這就是所謂的普遍性宗教觀，我覺得這種能夠容忍異教的態度，對促進世界和平是大有幫助的。

2.主觀上超能力增強：

前面曾提到超感知覺，瀕死體驗者常覺得自己能看穿他人的心意，而且還出現所謂遙視、預感之類的能力。其實當一個人的偏見愈少，就愈能洞悉他人的動機，由於瀕死者的物質欲望降低，心思變得比較單純，或許能去除先入為主的觀念，不過這種能力只是一種觀人術而已。

至於遙視、預感就頗有爭議了，因為巧合或超感知覺都能解釋成功的案例，大家自己斟酌衡量吧。

3.重視精神生活：

由於瀕死體驗者歷經莫大的狂喜，物質享受相較之下變得微不足道，且有些當事人還自覺負起重大使命，所以會開始重視靈性生活。

4.畏懼強光與巨響：

視覺區與顳葉區也就是聽覺區，都在瀕死時變得活躍，所以對日常生活的強光與巨響會較敏感，有人甚至覺得萬物看起來比以前鮮明。部分瀕死者還有其他生理改變，譬如體溫與血壓降低等，原因尚未明白。

5.樂於助人：

其實這是重視精神生活之後的結果，物欲減少的人當然願意施捨與助人，何況部分當事人還有重大任務要完成呢。

6. 相信有死後世界：

我認為瀕死狀態與深睡狀態 NREM 後期（無夢期）雷同，而在 NREM 期被喚醒的人常有分不清現實與夢幻的短暫感覺，瀕死體驗者也有比現實還逼真的感覺，且加上脫體經驗，所以大都相信有死後世界，不過有少數案例仍不相信。

7. 淡泊名利：

不重視物質享受就等於看輕名利權勢，即使是無神論的瀕死體驗者也會出現這樣的效應。

8. 感覺人生美好：

瀕死體驗中的狂喜類似熱戀的效果，會使當事人看什麼都順眼，這是大部分人都可以想像的。

以上提到的只是一般學者所談論的現象，其實有超過一半的瀕死者根本沒有任何體驗，且不同民族的差異相當大，譬如日本人沒有光即是愛的體驗，也沒有與神明產生深刻的溝通；印度人少有隧道體驗，且不太遇見現存者或已故親人；歐洲的卡利艾族的體驗更不同，完全沒有脫體經驗，彷彿做噩夢一般。

此外，少數瀕死體驗者在心態上沒什麼改變，有的不但沒有大徹大悟，後來還發生精神錯亂，顯示瀕死體驗並非都是美好又無副作用的。

但許多學者對反面資料避而不談，顯示他們有意藉瀕死體驗來宣揚宗教教義，卻無助於揭開真相。

我認為死亡有三個階段：一是意識混亂期，二是美好經驗期，三是意識消失期，詳見拙著《生死科學》一書，而瀕死體驗是徘徊於前兩個階段的產物。

換句話說，腦表面皮質未完全停止活動的瀕死者，就有可能產生恐懼體驗，而完全停止者，應該會有美妙的經歷，因為腦啡由腦深處分泌。

至於顳葉區為何會在瀕死時放電，我認為可能是腦幹先放電（腦幹常放電至其他腦區，可能是一種促發作用），再傳到最鄰近的顳葉，而腦幹可能與超感知覺或信息場有關，所以會偶發超能力。

宗教家只看見瀕死體驗的神奇部分，而科學家只看見可以解釋的部分，兩者都無法撥開迷團，如果以腦部功能的變化，加上我的信息場理論，來解釋瀕死體驗，就不會發生以偏概全的情形，不是兩全其美嗎？

統合科學邏輯與神秘現象的認知，絕對有助於心靈的健康，我認為只要說不出幻覺與靈異的區別是什麼，就沒有資格在享受科學產品的便利之餘，還批評科學。

舉例來說，一個常常吃以科學技術製造出來的健康食品的人，還批評科學無助於心靈健康，豈不是思想混亂，觀念分裂？

騙術篇

心靈健康的人，不是單純無知的人，而是以開放的胸襟接觸各種資訊的人，所以對於小人的伎倆也不會視若無睹。

大家看完超心理學篇之後，會不會覺得這世上被誤導的觀念還真不少吧？我特闢本章以饗讀者，但深感學海無涯，一定有疏漏之處，請大家自行找書來補充吧。

一、魔術

許多所謂的大師號稱有超能力，且某些宗教將特異功能描寫得神乎其技，使得許多人搞不清楚真實的情況是什麼，以至於詐騙的事件層出不窮。

當然，有人認為神秘的真相尚未被完全揭開，難道成醫師說的就算數？我不是神仙，也有不了解的地方，但對待這類事情不能不設防，許多大師相繼被揭穿為魔術師，受害者的慘痛教訓俯拾皆是，我們豈能視而不見？

關於以魔術手法宣稱超能力的案例，詳見拙著《哈利波特的沉思》一書，不再贅述，這裡僅提供一些假的超能力特徵給不懂魔術的人參考：

1.宣稱有實用性：

超能力具有實用性嗎？以樂透彩券為例，其號碼可以預知嗎？可以從神明或大師那裡得到指示嗎？我認為六大神桌與各種靈籤既已全部損龜，且中大獎者皆為電腦選取或自己亂猜的，實在沒有什麼討論的價值。

與其寄望預知力的發揮，不如抱著好玩的心態簽注，因為在輕鬆的氣氛下，預知力反而有可能出現，但必須在腦海裡出現數字才算數，否則都是碰運氣而已。即使在恍惚中出現數字也未必與樂透有關，所以實在不能期待什麼。

我比較擔憂的是所謂病態性賭博症，如果有太多人不務正業，花費大量金錢簽注，社會將向下沉淪，永無向上提昇的機會。

至於透視、心電感應、心靈致動、分身、隔山打牛等幾乎毫無用處，所以宣稱超能力有實用性的人是居心叵測的。

2.不完整：

許多異能大師說得天花亂墜，卻說不出感應的完整細節，譬如在腦海的右側還是左側出現畫面？是慢慢出現還是瞬間閃現？是在夢中還是在清醒狀態出現？與真實情況有什麼不同？十次感應會有幾次成功？如果說不清楚就有欺騙的可能。

大家別忘了還有所謂鎖抽屜效應，已有證據顯示通靈人說的常常是錯的，只是故意不透露而已。

3.不可替代：

宣稱隔空抓藥的人，卻抓不出鈔票；宣稱隔空吸人的大師，卻吸不了一隻狗；宣稱隔空彎曲鐵棍的異能者，卻彎曲不了一根樹枝，超能力的施展對象如果無法替代，是非常荒謬的，根本就是耍把戲而已。

4. 排他性：

有些宗教徒直斥異教的超能力是魔鬼的作為，只有他的超能力是神的傑作，殊不知許多預知或心電感應到親友災難的案例，完全沒有神鬼介入，當事人甚至沒有宗教信仰，只是單純的感應而已。至於許多所謂神的恩典，在我看來根本只是巧合，沒什麼探討的價值。

5. 誇張性：

許多大師說的比做的還多，卻說不輕易示人或時機未到，這種將超能力誇大的行徑，任何人都必須小心，極有可能是騙術。

6. 動機不純：

超能力是偶然的，如果還能到處表演或發功治病，就是為了邀功或增加知名度，以獲取更多的利益，此種動機不單純的超能力必有使用魔術或催眠手法。

二、詐騙

除了特異功能的詐騙事件以外，金光黨的詐騙是最出名的，他們通常利用人們的貪財心理得逞，雖然此種社會新聞常常出現，依然阻止不了無知民眾的欲望作祟。

比較需要討論的是，許多受騙者會說騙徒在他肩上拍一下，或在臉前面揮一揮手，他就呈現恍惚狀態，然後跟著騙徒走，把銀行裡的存款提領一空。

難道騙徒使用某種蒙汗藥或麻醉劑？傳說歹徒可能使用醫學上的笑氣N_2O，這是一種麻醉藥，但我不相信，因為吸入笑氣後會有短暫的健忘與欣快（amnesia & euphoria），根本不能到銀行提款。

有人說，恍惚的說詞只是受騙者掩飾自己無知上當的藉口，是真的嗎？我覺得可能不是，因為被催眠暗示後也有恍惚的狀態，或許才是真正的原因。

金光黨鼓動如簧之舌，等於對受騙者洗腦催眠，而這一大串的重複語言會形成所謂催眠後遺忘（詳見催眠篇），也就是在事後受騙者會忘掉大部分的過程。

等到受騙者驀然驚醒，只記得金光黨的部分肢體語言，譬如拍肩揮手，其餘的都忘得差不多了。

當然，受騙者有可能隱藏自己貪財的細節，但應該只有少數個案，其餘大都與催眠有關。

更常見的不是被催眠，而是貪心所致，譬如歹徒佯稱路旁一位獃子的手上有巨額鈔票，教受騙者演戲騙走鈔票，然後故作怕被警察抓的慌張模樣，急索受騙者口袋裡的錢或到ATM提款，還說只要獃子鈔票總額的一兩成就可以了，這時可能出現警察執勤，嚇得眾人一哄而散。

歹徒一溜煙就消失了，獃子也突然不見了，警察更是不知躲到哪裡去了，這時才發現手上拿的一疊鈔票變成一堆廢紙或偽鈔，不知道什麼時候被掉包了，自己的錢就這樣被騙走了。

如果不貪圖小利或意外之財，不拿來路不明的錢財，自然就不會受騙了。

有些人到異國旅遊遇上搭訕客，這些不速之客宣稱可以優厚的匯率換外幣，結果可能換來一堆假鈔，當然有時是真鈔，卻穿插假警察突然出現攪局，在一團混亂之際，神不知鬼不覺的掉包伎倆又施展出來了，或者假警察威脅要送辦，只好賄賂了事。

有些詐騙是配合偷竊，有些詐騙則運用中獎的伎倆，我曾收過許多中獎信函與手機簡訊，獎金從一百萬到十五萬元不等，即使報紙電視常常報導這類案件，依然有許多人受騙。

大家務必注意，未參加抽獎而中獎，大都是可疑的，如果想求證，千萬不要打信函裡的電話號碼，應該向公正單位或警察局詢問，才是正確的做法。

三、頭銜

台灣是個重視學歷的國家，所以博士與教授的頭銜常常可以唬人，即使博士論文或教授專長與求助者的問題無關，只要敢開口指導，總是有些分量的。

舉例來說，醫學博士的頭銜是很不錯的，但不是在每一個相關領域都精通，大家想想看，考研究所固然需要實力，卻也要會抓考古題才能金榜題名，運氣好卻沒實力或作弊的人，仍有機會被錄取，有些研究生與教授私交很好，更增加上榜的機會。

一旦攻讀碩博士，其研究領域必須在指導教授設定的範圍內，是非常狹隘的，而其他領域幾乎從此不再碰觸。

可以這麼說，一位博士說詞的正確性，可能不如長期研究單一主題，卻沒什麼學歷的普通人的說法。

所以，醫學教授的特定開刀技術，可能不如一位每天只進行該手術的醫師來得乾淨俐落，所謂熟能生巧是也。

美國的許多機構喜歡晉用碩士人才，除了因為博士的待遇要求較高以外，缺乏宏觀視野，容易見樹不見林也是可能的原因。最明顯的例子是歷任美國總統的學歷，大都只有大學畢業，可能不是巧合就可以解釋。

我沒有批評博士的意思，只是提醒大家不要以言舉人，更不要因人廢言，不管黑貓白貓，只有會抓老鼠的才是好貓。

當然，大多數人並不了解教授博士的特殊專長，我提供幾種辨識方法，以杜絕外行充內行或詐騙的情事發生：

1.查證背景：

許多人到外國買野雞大學的學歷回來，根本沒有真正的實力，所以仔細查證是必要的。

2.貨比三家不吃虧：

不要毫不保留的接受專家的說法，特別是與常理相左的，應多聽聽其他專家的意見，即使最後還是弄錯了，見聞也會增多，並非一無所獲。

3.察言觀色：

對自己的話有把握的人，說的時候眼光不會左右游移，這是一種簡單的觀人術，可以約略知道一個人有沒有說謊，專家的實力也可略見一斑。

4.學費的合理性：

許多專家的課程貴得嚇人，卻說當然值得，如果真有奇效，應該去查證他的學生，有無因此而成為特定行業的頂尖人物，如果沒有，就有哄抬吹噓之嫌。

5.多找反證：

許多權威人士提出的健康資訊，教人要吃什麼不吃什麼，如果無所適從，就找出反證來仔細推敲，或可看出真正的道理何在，其他領域的訊息也可以如法炮製。

四、醫病關係

有些醫師會對病人隱瞞病情，或做一些不必要卻有利可圖的檢查處置，我從醫病關係談起，希望有助於問題的釐清。

醫病關係是近年來才被深入研究的課題，雖然在醫學院的教學中早有醫師倫理、醫事法規、普通心理學等相關科目，但多不深入且淪為營養學分。

一般人所關心的醫德，其實就是醫師對醫病關係的重視程度，推廣這類教育，除了可提昇醫師的診療品質之外，也可以改善病人就醫的心態，減少不必要的醫療資源浪費。

目前的醫學型態，已漸漸由生物模式發展成生物心理社會模式，所以在醫師的養成教育上，完整的行為科學必須納入，而在病人的衛生教育上，除了保健知識必須普及之外，如何選擇醫師與科別也需知道一些，才能與醫療密切結合，達到短期痊癒的目的。

首先，必須認清病感（illness，主觀上的不適）與疾病是不完全相等的，有的人雖罹患疾病卻沒有病感，有的人出現病感，事實上卻沒有疾病，如果醫師不了解患者的心態或唯利是圖，可能會對後者做過多不必要，或甚至危險侵襲性的檢查。

在病人的就醫方面，造成延誤求醫的原因有以下數端：害怕藥物的副作用、對病感的判斷不足、求醫不便、不喜歡醫護人員、恐懼或害羞、尋求民俗醫療等。

相反地，反覆求醫的原因則有以下幾種：慮病症、個性焦慮或神經質、想獲得長期休息或經濟賠償、藥癮、心身症、不按時服藥致疾病遷延、服用過多的類固醇等。

有時，醫師的不當暗示或說明不清，譬如強調發現了心臟雜音，卻沒說並無大礙與如何保健，使患者惶惶不可終日，於是接受過多不必要的檢查。

病人選擇醫師的動機，除了隨意掛號以外，醫師儀表、特質相近、態度相似、有求必應等也是考慮的因素，所以出現了三種醫病關係：一是主動與被動模式，也就是病人沒有行為能力，任憑醫師的處置；二是指導與合作模式，病人將醫師視為權威，這是目前較常見的；三是共同參與模式，醫師與病人互相討論，共同對抗疾病，這是最好的模式。

有些病人會要求打針以求速效，或多拿一些藥，這時醫師若考慮正規的方式而直接拒絕，病人可能跑到其他有求必應卻不顧後遺症的醫師那裡，造成醫學院教授開業可能沒什麼病人，醫術不求甚解的徒弟看診卻門庭若市的怪現象。

醫師在看診時匆匆忙忙，僅注意症狀，忽視病人個性，甚至表現出不耐的態度，皆會造成病人的不信任，使原本僅憑安慰療法即可治癒的案例久久不癒，所以醫師應該委婉解說打針的不必要，或藥物之間的排斥作用，使患者排除疑慮，並減少濫用藥物的副作用，即使病人還是有可能轉至其他醫院就診，但良好的醫病關係與久病不癒，終能使患者回心轉意，接受正規的醫療方式。

有些部位的疾患看似輕微，卻在心理上造成巨大痛苦，譬如生殖器、肛門區、面部等，醫師應盡力安撫，不斷保證，才能收到較好的治療效果，另外，心臟與呼吸障礙常被認為最具威脅性，精神病與結核病會使病人產生罪惡感，醫師的態度不可不慎。

所以，良好的醫師應該具備吸收新知的習慣、同情並尊重病人、有高度責任感、不抱持成見、容忍病人的敵意、避免暗示、隨時傾聽病人訴說、善於觀察病情、明白自己的有限、及時轉診給別的醫師、不唯利是圖等。

我認為，醫師開給病人的藥也能拿給醫師自己或父母子女服用，才是真心為病人設想的醫療，只開利潤較高的藥或濫用抗生素類固醇，以速效拉攏病人，卻不顧副作用的做法是缺乏醫德的。

病人可能在數十年的不當醫療之後，才發生慢性病，雖不至於發生醫療糾紛，但除了浪費了許多資源之外，這些共犯醫師在良心上又如何說得過去呢？

值得一提的是，醫師如何告知病人罹患重症或癌症的可能性，或在確定診斷之後要不要告知。

許多重大的檢查會使病人想到罹患惡疾的可能性，如果醫師依照新知回答，譬如有30％的機會得到惡疾，樂觀的病人可能不太擔心，但悲觀的病人可能開始焦慮失眠，使身體的免疫力大減，造成病情惡化，結果比隱瞞病情還糟。

有時文獻上的數據只有5％的罹病機率，病人卻視為莫大的威脅，醫師如果不了解病人的心理，以專業誠實的態度處理，反而失去了治癒的契機。

曾有人在例行健康檢查時，被醫師發現了肺部腫塊，卻因搬家而未獲得通知，後來又接受健康檢查時，肺部腫塊卻消失了，雖然可能不是惡性疾病，但至少說明了一件事實，人體有可能出現自癒的功能。

如果病人被告知有肺部腫塊，而他恰好是一位具有焦慮個性的人，我很懷疑自癒功能還會出現嗎？

如果醫師沒有太多時間了解病人，也可以透過護士詢問病人家屬，因為他們比較了解病人的態度，這樣才能減少在不當時機透露病情的錯誤。

以下是一些醫病之間的案例，值得大家參考與深思：

案例一：

教學醫院裡主任要巡病房，後面跟著十位醫護人員，主任未知會某女性病人，直接掀開被子，講解陰部疾病。

解析：維持病人的尊嚴是很重要的，如果先知會一聲，病人應該不會太難堪，心理上的傷害可減少一些，如果有護理人員在場當然更好。

案例二：

醫師二話不說，立刻排一堆檢查，好像很努力尋找病因。

解析：檢查固然可減少誤診，但也有偽陽性的可能，也就是明明沒病，檢查出來卻有問題，所以應該配合詳細的問診，才能將錯誤減少到最低。

案例三：

醫師一直提問題，病人一直點頭或搖頭，這樣的方式妥當嗎？

解析：真正能掌握病情的醫師是讓病人暢所欲言，除非出現與病情無關的話才會適時打斷，如果醫師只想知道自己關心的部份，就很容易漏掉重要訊息包括病人的心理問題。

案例四：

肥胖病人說：我什麼也沒吃。醫師說：你不可能什麼也沒吃！

解析：病人不喜歡被別人指責、說教、或告誡，而且肥胖者常低估自己的食量，醫師可以委婉地解說飲食控制法，至於要不要嚴格執行，則是病人的自覺問題，強求不來，且搞砸醫病關係，反而可能使憤怒的病人吃得更多。

案例五：

醫師罵病人：教你不要抽菸，為何你都聽不進去？

解析：如果醫師改口說：以前你曾戒菸成功，其實是有機會做到的，現在你可以再試試看，或許從減少一半菸量做起。這樣反而可以幫助病人戒菸。

案例六：

和醫師做好朋友，應該可獲得更好的照顧。

解析：錯了！如果成為太好的朋友，反而會使醫師無法理智地處理病情，這就是為什麼大部分醫師怯於處理病重的親友的原因，所以做個普通朋友是可以的，若已推心置腹就需要另請高明了。

案例七：

病人看不到自己喜歡的醫師，只好改看其他醫師，卻希望不要開原來的藥，因為有副作用。

解析：這病人似乎處於矛盾狀態，其實是原來的醫師太親切了，值得信賴，所以出現副作用的小錯是可以原諒的，可見醫師的態度何其重要！

還有許多例子可說明，限於篇幅無法盡述，大家可找相關書籍查閱，必能獲益良多。

總之，如果罹患重大疾病，不要只聽從一位醫師的意見，多聽聽其他醫師的說法，最好是沒有利害關係的醫師，可減少誤診或不當處置的機會。

五、美色

美色對涉世不深的年輕人來說，是一大誘惑，許多阿兵哥被辣妹的推銷騙錢就是明證。

許多車商與檳榔攤老闆看準這個心理，以辣妹來推銷產品，也得到不錯的成績。

坦然而言，性的力量無遠弗屆，連一些高級知識份子也深陷其中，顯示以下半身思考的男人滿街都是。

於是，有人以宗教信仰來禁絕性慾，但真的有效嗎？

我認為除非得到與性高潮同樣強度的快感，否則讀再多的經書，念再多的經文，燒再多的香也無法杜絕內心的春情蕩漾。

前面曾提過的瀕死體驗，其中的喜悅感便是一種與性高潮相當甚至超過的狂喜，如果能藉由某種不激烈的方法得到，不是很理想嗎？

許多流行歌手在大紅大紫之際，竟然開始吸食毒品，除了想解除壓力增加靈感之外，毒品的超強快感也凌駕於名利美色之上，成為吸食者心理依賴的根源。

我曾經與宗教人士聚餐，席間負責招待的許多年輕尼姑連正眼都不敢看我，我長得很守交通規則，很難吸引女性，卻使得她們失去常態。

或許這些尼姑只是個案，但應該在各種道場中為數不少，聽說外國的神父與修女鬧緋聞的例子很多，顯示阿彌陀佛與阿門的力量不敵情色的力量。

其實大部分的宗教家不了解獲得狂喜的方法，至於如何維持就更一無所知，只有不斷的催眠自己臣服於神明而已。

已有研究證實，自我催眠的效果很短暫，而相信自己與神明合一，並不是真實的狂喜體驗，大家想想看，想像喝一杯柳丁汁與真正喝一杯柳丁汁，其中的差異是非常巨大的。

關於得到狂喜的細節，請見本書之生命意義篇，這裡只強調放鬆是一切方法的起頭，如果不好好放鬆自己，就只有以宗教或倫理道德催眠自己不為美色所惑，至於什麼時候破功就只是時間問題了。

在徹底放鬆之後，腦內啡呔會分泌出來，其強度可以取代性高潮，有人擔心會不會影響傳宗接代呢？其實不會，只是做愛次數將大為減少而已。

在學會放鬆之前，我建議對抗美色盡量不要用宗教的壓抑方法，應該使用心理學所謂之昇華或轉移，亦即多從事有益身心的活動，譬如看書、運動、聽音樂等，遠離誘惑如色情網站、書籍、頻道之類，或許可減少受騙的機會。

至於一個男人是否真心愛一個女人，我認為與尊重程度成正比，也就是愈尊重女方的男人，愈有持久的承諾，任何甜言蜜語都不能代表什麼。

六、政治

台灣的泛政治化相當嚴重，可能是學而優則仕的古老觀念作祟，也可能是媒體的推波助瀾疲勞轟炸所致。

所以，不少年輕人對政治冷漠厭惡，對公共事務完全不感興趣，男的只關心體壇新聞與網咖電玩，女的只關心風花雪月與明星流行。

關心這些消遣娛樂並沒有錯，但在投票時就有出錯的可能，由於我對公共事務的心力投注也不夠，所以常常不投票，以免選錯人。

先進國家的投票率總是低於共產國家，這是眾所周知的事實，政府在宣傳選賢與能的同時，不應鼓勵投票，否則製造高投票率的假象，卻選出一些不適當的人，有什麼用呢？

關心政治固然很好，卻不可以認為自己永遠是對的，因為政治無真理，今天是對的，明天可能是錯的，許多政客在議場上爭得面紅耳赤，散會後卻把酒言歡唱卡拉OK，選民完全不知情，還在CALL IN節目中拚個你死我活。

台灣政壇中真正抱著為民服務的心態的人實在不多見，如果有，也從未檢討自己有沒有實力或資格，造成許多以救世主姿態出現的政客掌權，真正深入了解問題的人卻無緣置喙，即所謂外行領導內行。

我曾提過，刀匠的開刀技術可能高過醫學教授，政治不也是如此嗎？許多政客不願意下苦功研究公共事務，只想坐擁權勢名利，其見解可能不如一位有長期研究的升斗小民。

許多政論節目流於口水戰，很少看到有研究數據的說詞出現，列席者明明都是博士教授專家，卻拿不出當初寫論文的精神，顯示被偏見蒙蔽得很嚴重。

政治偏見在台灣是很普遍的，或許與對岸中國的心態有關，但實在不需要搞成嚴重對立，因為公說公有理，婆說婆有理，大家平心靜氣互相尊重，不是很好嗎？

我不懂政治，但實在不了解統獨有什麼好討論的？

一位主張急統的人當上總統，他敢貿然進行統一嗎？統一工程千頭萬緒問題多多，有那麼容易嗎？一位主張急獨的人當上元首，他敢隨便宣布獨立嗎？

中共對台獨的敵對心態仍未改變，要如何化解？歷任總統不敢輕舉妄動便證明了我的看法。

情勢是會變的，統獨難道是例外嗎？居然有人以此議題作為終身職志，以為只有他才能救台灣，卻忘了救他自己。

我一直在救自己免於心理失衡，這樣的苦功是不斷要下的，連自己都有問題，遑論救台灣了。

也許過個幾年，本書的說法就落伍或甚至出錯，何況是詭譎多變的政局，大家務必記住，進步是沒有止境的。

我們雖然受政治的影響很大，卻不是生活的全部，還有許多美妙的事情需要用心探索，多抬頭看看天空，有空去看看大海，細細思量，生命怎麼可能為了統獨而活呢？如果哪一天真的統一或獨立了，人生就沒有意義了嗎？

七、廣告

以廣告詐騙的案例非常多，譬如在報紙上刊登廣告，以免經驗、待遇優、福利多、工作輕鬆為誘餌，誠徵所謂公主、公關、伴遊司機、導遊、模特兒、職員等，剛踏入社會的新鮮人沒有戒心，很容易繳交所謂保證金、訂金、證件等，或在購買產品之後，才發現人去樓空受騙上當。

有些廣告宣稱可以販賣外國大學文憑、買賣古董字畫或中古車、立即貸款等，其實是為了騙取證件或金錢。

信用卡詐欺則是防不勝防，有些商家勾結偽卡集團，在消費者刷卡時以儀器側錄卡片的內外碼，然後製成偽卡進行盜刷。

也有利用偽造的身分證申請信用卡，所以除非確定是正派經營的商家，否則身分證與信用卡皆不可任意交給他人。

我曾被冒充正牌的瓦斯公司人員騙過，他們佯稱免費檢查貴府的瓦斯管線，然後在一陣拆卸之後，指出管線的裂痕所在，表示非換不可，結果在換了幾千元的新開關後，我仍沒有被騙的感覺，還向他們道謝。

事後才知道他們會暗中破壞舊管線造成裂痕，以便順理成章的換新，實在非常可惡。

有些騙徒假冒有線電視公司人員、郵局辦事員、警察、公務員、星探等，宣稱可以代客檢驗、代為關說、臨檢、拍廣告等，其實是為了騙財騙色。

另有些歹徒專挑醫院下手，尤其是在腫瘤門診或重症病房外，利用患者的惶恐心理，宣稱有珍貴藥材或仙丹可治癒重病，甚至拿出假造的報導以證明所言不虛，以騙得巨額的買藥費用。

幾年前，未上市未上櫃股票曾風光一時，由於獲利頗豐，一些假股票也趁機混水摸魚騙錢，使許多人血本無歸。

連許多人購買的預售屋也出現詐騙的例子，譬如只蓋到一半，老闆就捲款潛逃，留下一群憤怒的訂戶，卻要不回一毛錢。

對於廣告的真實性，我們應該仔細研究，如果一時看不出個中蹊蹺，多問別人或警察是比較有保障的。

其實，說了這麼多例子，大多與貪念有關，只要不貪心，被騙的機會就很小，如果真的缺錢用，也須牢記「天下沒有白吃的午餐」的鐵律，腳踏實地的賺錢，才不會賠了夫人又折兵。

有些人明知有被騙的社會新聞出現，仍認定倒楣的不會剛好是自己，或自己不可能被騙，也不問問別人，造成非常荒謬的悲慘結局，譬如在收到五十萬元的中獎函之後，先後匯款給騙徒達數十萬元，最後騙徒失去聯絡，報警也很難討回了。

八、同情

利用同情心的詐騙手法多得不可計數，如果有心要提防的話，恐怕連捐錢施捨都有問題，譬如宣稱蓋廟缺錢，還拿出待填的空白收據以示專款專用，結果是假的收據。

當然，有的寺廟缺少經費興建或整修，收據也是真的，但把廟蓋得富麗堂皇就是行善事嗎？

心誠則靈是善男信女皆知的法則，與寺廟的美輪美奐是毫不相干的，難道花錢蓋廟可在所謂的六道輪迴中取得有利地位？

我曾遇過一名小孩，向我訴說身上沒錢回家，可否給個一百元以便買票坐車，本來我想掏錢，卻想到會不會有問題，於是想陪他去買票，沒想到他突然不吭氣的走了，令我傻眼。

有些手法是向被害人謊稱他的親朋好友或同學生重病，急需救濟，在此種情形下任何人皆有可能受騙。

另有些歹徒利用各種名義，譬如校友會、公益團體、民意代表、政府高官、著名企業財團等，進行賑災或募款，如果民眾不去查證，就很容易被訛詐，小額金錢是最容易被騙走的，因為受害人比較願意拿出來。

至於路旁的流浪漢或乞丐，到底要不要施捨他們呢？

這個問題是沒有標準答案的，不過有些乞丐會拿錢去嫖賭，施捨他們似乎是一種浪費。

我個人的看法是寧可救助殘廢的乞丐，也不願意丟錢給沒殘廢的乞丐，但是有人認為可憐之人必有可恨之處，不給錢才是對的，否則他們好逸惡勞的習性，仍會把錢花光繼續行乞。

更有人認為乞丐的出現是政府的錯，應該交由政府處置，小老百姓能救多少呢？

我不知道台灣有沒有丐幫的組織，如果有，政府就真的要檢討，因為很容易出現霸佔地盤或強凌弱、眾暴寡的情事。

給人魚吃不如教人釣魚，這是解決乞丐或流浪漢的根本原則，輔導他們就業是最好的方法，所以通知社政單位或警察局或許比捐錢更有用。

我的意思不是教大家從此不再捐錢，而是要把錢花在刀口上，給真正需要的人，不要只求心安卻不再過問錢的去向。

如果不能監督錢的用途，就不能確定錢的流向，我的態度是傾向不捐，或許有人認為我很吝嗇，但社會上的騙局太多了，謹慎一些總是比較好。

害人之心不可有，防人之心不可無，雖然有點保守，失去了純真，但真正的返璞歸真不是傻子一個，任憑歹徒予取予求，而是親近大自然，不作非份之想。

心理學家建議人們多發揮同理心，而不是同情心，有同理心的人也有可能施捨，但是基於「換成我是乞丐也一籌莫展」的心態而捐助，不是我尊你卑的憐憫心態，顯然是比較健康的。

九、盲從

許多人受騙是因為聽信親朋好友的建議，譬如購買一些來路不明的偏方，如果是因藥石罔效而姑且一試，還情有可原，如果只是病急亂投醫，就有問題了。

由於人是群居的動物，容易受到親朋好友的影響，認為他們不至於陷害親戚，所以在這種情形下吃錯藥的案例一直不少，值得大家注意。

假如某人得了癌症，醫師的建議可能是動大手術加上化學治療，但五年存活率只有40％，這時一位親戚推薦一位密醫，專治癌症，只要吃一些草藥就行了，而親戚的癌症就是這樣治好的，成了活生生的見證。

請問此人應接受正統治療，還是草藥治療？

如果他不適合動手術且身體虛弱，不堪化學治療，當然只好試試草藥，如果身體還可以，就必須三思了，因為親戚能因此痊癒，不代表他也可以如法炮製。

各種癌症的治療方法不一樣，草藥的效果應該也是同樣道理，如果親戚的癌細胞與他的癌細胞不一樣，就不能保證對草藥有同樣的反應。

就算親戚的癌症是同一種，也要顧及治癒率，那些草藥的效果有多少呢？以五年存活率為例，從0％到100％都有，如果那些草藥的效果只有10％，而他的親戚的運氣特別好，就是那10％的效力使之痊癒，其他人應該賭上一命試試看嗎？

如果那些草藥這麼有效，早就傳揚千里，吸引各國人士包括醫師前來治病或取經了，還需要當密醫嗎？

其實，許多初期癌症的五年存活率都很高，可達80％、90％以上，顯示早期發現早期治療才是上上策，如果不幸得了晚期癌症，也要查一查草藥的效力有多少，不要急著當白老鼠。

有人建議合併治療，也就是在接受正統醫療之時，也服用偏方，看起來效果會更好，其實必須考慮藥物的交互作用，許多藥物會抵銷別的藥物的作用，甚至引發化學反應產生毒性，不可不慎。

如果想服用偏方，必須與主治醫師討論，一般醫師對晚期癌症的患者不會限制太多，只要沒有交互作用或後遺症，即使無法查證其效果，也不會禁止服用。

當然，有些醫師愛面子，患者服用草藥似乎有不信任他的意思，以至於不表贊同，我覺得這是醫師個人的認知問題，如果五年存活率未達100％，有什麼理由強迫患者只能接受正統治療呢？恐怕也無法禁止。

盲從是社會上常見的現象，一方面是民眾的判斷力不夠，另一方面是科學知識不足，所以政府應該多多著力於科學教育與心靈教育，不要只關心經濟成長率，如果全民崇尚科學，守法守分，經濟自然會好起來，且沒有泡沫化或內耗的危險，這樣不是比較好嗎？

十、見證

有些宗教徒喜歡強調見證，也就是在皈依了宗教之後，原本的重病不藥而癒，或困境豁然紓解，到底是真是假？

大家在公用電話旁常會看到這樣的傳教小冊子，乍看來會覺得不可思議，好像真有神力，其實有幾個問題值得探究：

1.神力治癒？

許多患者都已經過中西醫治療，自覺無望才求神拜佛，會不會是快好了，神佛正好撿個便宜？如果真的是拜神佛所賜，可能只是自我暗示作用而已，因為曾有非教徒藉暗示的力量，使身上的兩次腫瘤消失，顯示不必靠神力也能創造更驚人的奇蹟。

2.危機變轉機？

心理作用是非常強大的，求神拜佛也具有撫慰的效果，自認為好運將臨的人，霉運可能真的會散盡，以做生意為例，一位拜神之後容光煥發、自信微笑的人，是不是比眉頭深鎖、愁眉苦臉的人，更吸引客戶的青睞？這是顯而易見的道理。

3.只此一家？

由於許多宗教的宣揚方式類似催眠暗示作用，對其他宗教也有見證的事蹟避重就輕，或乾脆斥之為無稽，好像別的宗教都是騙局一般，只有自己的宗教見證是真實的，這種井底之蛙的心態既可悲又不可取。

4.鄙視催眠：

許多宗教的見證明明是安慰劑的原理，也就是自我催眠的效果，卻不容許他人如此歸類，因為在他們的眼中，催眠是江湖賣藝的玩意兒，怎能玷污了神佛的威力呢？

由於催眠的神秘色彩與舞台催眠搞笑的流行，一般人以為催眠是不入流的，但現在的情形已發生變化了，在心理學教科書裡有催眠專文，在精神醫療與心理治療的領域裡，催眠也是非常重要的技巧。

神秘現象的探討是非常需要研究精神的，必須精通科學、靈修、魔術、騙術、催眠、巧合等領域的知識才能略見堂奧，怎能看到一些見證，就把經書奉為真理寶典，與事實有出入也視若無睹？

我贊成宗教的勸世功能，但在效果方面排斥別的宗教就不敢苟同了，除了混淆事實以外，還有可能製造宗教戰爭，難道這是宗教教義的初衷嗎？

當然，一般宗教都有排他性，以為自己的教義是絕對真理，但各教的開山祖師都未提到別的宗教不可能有見證，顯示門徒的刻意曲解才是真正的原因。

所以見證不是騙術，把它誇大就有問題，許多教徒也非常虔誠，卻無法使身上的惡疾消失，這是很簡單的道理，不少信徒卻沒想到或故意忽視，顯示被洗腦得很嚴重。

真正值得研究的是虔誠的力量有多大？哪些疾病比較容易轉好？什麼樣性格的人比較適合宗教靈療？大家想想看，我說的有沒有道理？

不去探索背後的真相，卻刻意誇大靈療，使部分信徒未接受正規醫療而喪命，還解釋成被神佛選上進天國且有重大使命，除了可惡至極之外，我找不到更適當的形容詞了。

催眠與冥想篇

一、催眠簡介

長久以來，人們總以為被催眠的人是假裝的或陷入一種睡眠狀態，其實都不對，被催眠與全神貫注或高度放鬆更為接近，可算是進入了一種特殊的意識狀態。

換句話說，被催眠者的腦運作相當活躍，卻只聽從催眠師的指示，甚至產生各種幻覺或錯覺，所以喜歡幻想與容易專心的人比較適合被催眠。

目前有兩種理論來解釋催眠的成因，最出名的是新解離理論（neodissociation theory），認為意識會一分為二，第一個層面是接受催眠暗示的扭曲經驗，第二個層面是被催眠者的真正感覺，而第二個層面被第一個層面暫時掩蓋了。

曾有一群人在舞台上被催眠了，一位故意搗蛋的台下觀眾突然大吼一聲：失火了！結果所有被催眠者都適時醒來，跳到台下逃命去了，因為第二個層面的意識也就是生存的念頭，不再被第一個層面掩蓋，跳出來做要緊的事。

另一個理論是社會角色論（social role theory），認為被催眠者自願配合催眠師的指示，進入假戲真做的程度。

曾有非常入戲的演員在錄完影之後，仍有短暫時間無法跳脫原先的角色，譬如飾演部下的演員，仍必恭必敬的奉茶給扮演老闆的演員，顯示社會角色論有其真實性。

以上兩種理論可能都對，只是解釋催眠的不同面向而已。

因為催眠師必須取得被催眠者的信任，才能進行催眠，所以把所有催眠全視為自我催眠也不為過。

不僅如此，我認為所有人類都在自我催眠，因為腦部把感官收到的物理能量訊息解讀成不同的感覺，譬如激烈的空氣分子振動在聽覺上造成聲響或耳朵刺痛，並未忠實呈現能量如雨滴般撞擊的原貌，等於是一種扭曲的認知或自我催眠。

宗教家常說一切如幻象，就催眠的角度看來是非常正確的，這世界明明是由粒子與能量所組成的，只是密度不同而已，我們卻解讀成繽紛萬物，與事實相距甚遠。

還有知識、文化、習俗、潮流等暗示，影響我們的一舉一動，顯示自我催眠的成分無孔不入。

所以催眠並不神秘，只是意識本有的特質被誘導強化而已。

二、冥想簡介

許多靈修家鼓勵靜坐冥想，因為可發掘出更高的意識層次，究竟是真實的，還是純粹的幻想？

靜坐冥想有兩種，一是開放式（open-up），就是只做身體的放鬆，不想任何事情，另一是專注式（concentrative），就是除了放鬆以外還專注於某個咒語或物品。

其實，冥想等於是一種自我催眠，根據各種報告顯示兩者技巧並無不同，連所謂的效果也大同小異。

以所謂更高的意識層次來說吧，見到神明或感覺到與大自然融為一體，在靜坐冥想與被催眠的案例裡都有報導過，很難區分兩者的不同。

以尚未被科學接受的超感知覺為例，也散見於冥想與催眠的個案中，雖然未經完全證實，也足以說明靜坐未必優於催眠。

由於意識的本質是非常深奧難解的，我個人不反對與更大的存在或超感知覺聯想在一塊兒，雖然是無法求證的，但直接駁斥靈修家體驗的正當性，也同樣缺乏求證的精神。

至於為何世上有這麼多人靜坐冥想，卻只有很少人發掘出所謂的更高意識層次，我認為是方法出了問題。

不論是開放式或專注式冥想，如果不集中精神於身體內，就很難達到效果，除了是我個人的經驗談以外，或許與腦部的運作有關。

舉例而言，腹部內的感覺由腦部的某區負責，而神秘宗教經驗的腦區（有人說是顳葉）竟與之相鄰，奇妙的是，腹部是不少靈修宗派特別強調要注意的部位，莫非與腦區活動可傳至鄰近腦區相關？

當然，這是我的揣測之詞，靜坐冥想還有不少科學無法解釋的地方，尚待更多的研究。

值得一提的是，靜坐固然可達到放鬆身心的效果，卻無法持久，也就是很難將放鬆的感覺帶到非靜坐的日常生活中，我個人建議不必拘泥於靜坐，在日常生活中就可以冥想，只要不影響事情的處理便可。

試想，除了睡覺以外都在冥想，比幾小時靜坐的效果大多了，尤其是開放式冥想，在日常生活中實施是不難的，即使不相信所謂的更高意識，多些放鬆的機會總是有益無害的。

三、催眠的特徵與感受性
（hypnotic susceptibility）

被催眠之後有什麼特徵呢？我描述如下：

1. 注意力窄化：受催眠者的注意力只集中於催眠師，甚至在執行暗示時無視於他人的存在。
2. 自主性降低：受催眠者的意志力大為減弱，會忘了自己的身分地位，而心甘情願的接受催眠師的指示。
3. 舊記憶復原：受催眠者原本已忘掉許多陳年往事，卻可能在催眠中突然恢復記憶。
4. 知覺扭曲：受催眠者的現實感變差，在適當的誘導下，可看見或聽到不存在的人或物。
5. 後遺忘：催眠感受性高的人在催眠結束後，會忘掉幾乎全部的過程，但當預先植入的恢復暗示提出時，會再想起來。

催眠感受性的意思是容易被催眠的程度，目前有史丹佛催眠感受性量表可測量，這裡不擬詳述，我提出幾個因素可能與之相關：

1. 年齡：小孩的判斷能力尚未發展，容易接受暗示。
2. 意識狀態：如果被催眠者的意識是清醒的，且瞭解暗示的意義，比較能接受或拒絕。
3. 性別：女人的感受性比男人稍高，原因可能是女性以雙腦理解語言，比較容易接受感性的暗示。
4. 智能：良好的想像力和注意力是優越智能的象徵，所以有高感受性的傾向。
5. 重複：一再重複的暗示可以使感受性增強。
6. 漸漸增強的暗示：前一個暗示被接受，將有助於更困難的暗示被接受。
7. 動機、態度、期望：一般人對期望或恐懼的事物會有較高的感受性。
8. 經驗：有經驗的催眠師當然容易施行催眠，曾接受過催眠的人也容易再被催眠。

9.威望：對受催眠者而言，催眠師的威望愈高，愈容易催眠成功。

10.藥物：若服用藥物後意識的範圍減少，感受性就會相對提高。

我曾見過一個有趣的例子在電視台播過，顯示催眠力量的強大：

催眠師在台上表演，已將事先挑選過的幾名上台觀眾催眠了，然後他轉頭向台下觀眾詢問，有沒有上次表演中被他催眠的人？

結果他看到一名眼熟的作曲家，遂下台趨近，不料作曲家馬上別過頭去搖手，旁邊的老婆道：「我先生說上次看了你的眼睛才被催眠，這次只要不看你的眼睛就不會被催眠。」

「真的嗎？」催眠師只說了這句話，立刻將手搭在作曲家的肩上，又說：「睡……睡……睡……」

作曲家的手只搖了幾下就停住了，頭接著垂下去，立刻陷入催眠狀態，全場觀眾笑聲四起。

催眠師對他說，想像在海邊釣魚，一條大魚上鉤了，趕快拉起來！

只見作曲家奮力拉線，催眠師也敲邊鼓說快釣到了，最後拉起一條超大的魚，作曲家捧著大魚笑逐顏開，不料催眠師說大魚跳回水裡去了真可惜，作曲家的表情立刻變成愁雲慘霧狀。

這時觀眾已笑得東倒西歪，催眠師將他喚醒，他搞不清楚狀況，還向旁邊的老婆詢問發生了什麼事？

催眠師通常以觸摸與講話來灌輸暗示，視覺反而不是重點，這也是催眠的特點之一。

四、催眠誘導（hypnotic induction）

催眠有許多技巧，很難盡述，基本觀念卻只有一個，就是配合受催眠者的期望才能成功。

所以，優秀的催眠師必須有演戲的本領，並能察言觀色，立刻掌握受催眠者的喜惡，隨時運用適當的方法催眠。

換句話說，容易親近且讓受催眠者感到輕鬆自在的人，是適合的催眠師人選。

催眠界最出名的誘導技巧是被動的定點引入法，先讓受試者集中注意力於一個外在的東西或催眠師的雙眼，然後一再重複放鬆的話語，從眼皮開始，到雙腿、下腹、後背、胃部、胸部、雙臂、頸部、臉部肌肉，從腳到頭逐步暗示鬆弛。

這些暗示說詞可以做任何改變，以受試者能理解為必要條件，當然溫柔的聲調與氣氛，加上適當的音樂，可以加速催眠的進入。

接著要進入情境的想像，可以暗示躺在舒服的海灘上或小船上，加上慢慢的深呼吸，將所有的緊張與不愉快全呼出去。

如果想知道受試者的催眠程度，可以測驗手臂是否因沉重而抬不起來，或握拳的手指因黏住撐不開來，如果受試者能自由移動，表示催眠還沒有成功。

歷史上最傑出的暗示大師，大概是耶穌基督了，其中以五餅二魚的傳說最為成功，過程如下所述：

當時有上千名信徒在耶穌基督的旁邊聽道，肚子餓了卻沒東西吃，於是耶穌基督僅拿出五塊餅與兩條魚就使眾人吃飽，這是怎麼回事？

我不是基督徒，當然不相信是隔空抓物，因為相信有這種事，就不能否定張穎的隔空抓藥，豈不是太離譜了嗎？

基督徒可能會相信耶穌基督有隔空抓物的本領，但催眠術的施展也可以達到同樣的效果，所以真正有開放胸襟的基督徒，應該接受這兩種原因的可能性。

我曾見過香功（一種氣功）大師在巨大的體育場，對著數萬人發功，結果出現此起彼落的吶喊聲，都是說：「香！」

五餅二魚可能是真的，耶穌基督拿在手上，對著忠貞的信徒發功，暗示這些食物幻化成豐富的大餐，對催眠師來說並不困難。

我沒有鄙視耶穌基督的意思，因為催眠術是心理學的重要技巧，早已脫離早期江湖術士蠱惑人心的形象，大家應該以正確的心態看待催眠。

把耶穌基督說成催眠師並沒有降低神格，我認為祂應該有極深刻的靈性體驗與內在知識，在聖經中處處可見，但五餅二魚這種超能力傳說就不可以盲目崇拜、隨便解讀。

氣功的道理也是一樣，我承認氣在體內的存在，但發放外氣就有超能力的味道，曾有一位氣功研究的權威斷言，外氣與催眠是同一件事，等於否定外氣的存在。

本章後段會再提到氣功與催眠的異同。

五、催眠與記憶

曾有人猜測，刺殺甘迺迪的兇手被催眠了，而且指令是暗殺完畢就忘掉整個過程，以免被警方突破心防而認罪。

曾有女兒控告父親，在她幼年時進行性侵害，因為在催眠中回想起父親的亂倫舉動，結果父親被抓去關，坐了幾年牢。

催眠真的可以喚起或改變潛意識裡的內容嗎？

以目前的犯罪學來說，催眠取得的證詞僅能提供判案的參考而已，因為這種證詞真真假假，很難盡信。

人的記憶有長期記憶與短期記憶兩種，分屬兩個腦區掌管，我認為催眠可以改變短期記憶，卻很難永久改變長期記憶。

有一個著名的催眠實驗，受催眠者被灌輸1、2、3、4、5、6、8、

9、10共九個阿拉伯數字，獨缺7，然後將他喚起，詢問數字的順序，結果他在數手指頭的時候大惑不解，為什麼兩隻手只有九個手指頭？

接著再進行催眠，解除九個數字的指令後又喚醒他，才恢復兩隻手共十個手指頭的長期記憶。

其實在這個實驗中長期記憶並沒有消失，只是暫時被壓抑而已，即使沒有解除指令，過一段時日，長期記憶仍會恢復。

如果前天早上吃吐司，卻在催眠中植入吃饅頭的假記憶，恐怕就永久改變了，因為短期記憶稍縱即逝，要更改是很容易的。

所以用年齡回溯的方式取得的催眠記憶，包括所謂的前世催眠，是大有問題的，容後再談。

市面上有些產品鼓吹睡眠學習，將課程錄音帶置於床頭播放，在入睡之際就可以不必花腦筋輕鬆習得，是真的嗎？

這類實驗已有人做過了，答案是無效！

在催眠的過程中，受試者完全聽令於催眠者，非常專注，可以記得不少指示；但一個人在入睡的時候與催眠狀態是不一樣的，幾乎喪失學習能力，頂多只能記得錄音帶的前面而已，聽到後面早就呼呼大睡了。

入睡的腦波從快波到慢波都有，隨睡眠深度而愈來愈慢，催眠就不一樣了，大都是快波，除非進入深度催眠，慢波才會出現，所以大多數的催眠比較像全神貫注，而不像入睡。

回到前面的主題，如果童年時期發生的事無法查證，又如何證明女兒控訴的亂倫是虛構的？

既然很難查證，法官必須詢問父親的親朋好友與街坊鄰居，答案總是溫文有禮好人一個。

此外，女兒曾接受過精神分析學派的催眠師治療，才喚起所謂的亂倫記憶，而這類學者相信童年的創傷經驗常會導致成年後的心理異常，在催眠過程中會有意無意的暗示，結果總是父親背黑鍋。

有些法官仍不採信以上說詞，心理學家只好找來沒有童年走失經驗的受試者，在催眠誘導下，竟出現童年走失的假記憶，證明記憶是多不可靠的，父親才免於牢獄之災。

六、生理反應

催眠會產生生理反應嗎？請各位看看以下案例：

傳說有一名死刑犯接受一項實驗，在他的手腕上割一刀任其流血，如果沒死則可免除其刑。他的雙眼是蒙住的，只能聽見血滴落在事先準備好的水桶裡的聲音。

那一刀割其實非常淺，根本不會流多少血，而滴血的聲音是假的，實驗人員故意以錄音機放出巨大的聲音，結果死刑犯竟然心臟衰竭而死，被滴血聲嚇死。

另一個傳說是催眠師在蒙面的受試者手臂上，放一個加溫過的錢幣，卻謊稱是已達 1000 度的燒紅熔化金屬。

三天之後受試者的手臂上竟出現一個水泡，顯示被燙傷了。

以上兩個傳說未經證實，但不無可能，我相信催眠的力量可以到達這樣的程度。

曾有受催眠者竟看不見眼前的催眠師，只因為催眠師的指令是：我變成隱形人……

更妙的是，當催眠師拿起一把椅子跑步時，受試者向旁邊的人說有鬼，椅子竟然會騰空飛行！

一名罹患末期癌症的病人，醫師向他透露已無藥可醫，只能試試一些正在實驗的新藥。

由於到了末期，患者只好死馬當活馬醫，而且醫師的專業值得放心，遂接受了尚未有肯定療效的新藥治療，結果居然使腫瘤消失了。

患者當然歡天喜地的辦出院回家，本以為從此高枕無憂，不料禍從天降，那個新藥的人體試驗報告出爐，是完全無效的，且被他意外得知。

奇妙的是，腫瘤竟然復發，他只好回醫院找主治醫師求診，希望能見證另一次奇蹟。

醫師又如法炮製，介紹另一種新藥給他，當然患者除了接受以外，又能怎麼樣呢？

一般來說，復發的癌症非常頑固難治，很多患者很快就駕鶴西歸，極少能治癒，頂多減輕症狀而已。

令人震驚的是，他又從鬼門關前撿回一條命，腫瘤又不見了。

這種瀕死的衝擊，對一般人而言是非同小可的，他當然又出院去面對嶄新的人生。

不過命運之神又捉弄了他一次，這個藥的無效臨床報告發表了，湊巧又被他看到，腫瘤居然也復發，而且比原來嚴重。

由於太嚴重了，藥石罔效，他還是逃不過死神的糾纏，最後抱憾而終。

有些年齡回溯的催眠案例出現嬰兒反射，也就是在嬰兒期才會出現的反射動作，譬如腳掌反射，顯示被催眠者不是配合催眠師演戲，連假裝不來的神經反應都出現了。

以上例子的介紹，希望有助於大家對催眠的進一步了解。

七、正面作用

催眠有沒有正面的作用？我列舉如下：

1. 搞笑：

一般人看到電視上的催眠舞台秀，會覺得非常滑稽，這就是舞台秀的目的，心情愉快與開懷大笑當然有促進健康的正面效果。

2. 放鬆：

催眠誘導的方式有許多種，但一定強調肌肉放鬆，而放鬆是健康與減壓的最佳方法之一，所以催眠的初期是值得推廣的。

3. 分娩：

許多產婦課程教導深呼吸與肌肉鬆弛（除了會陰以外），都有減輕分娩疼痛的效果，譬如拉梅茲課程，與自我催眠是異曲同工的。

4. 拔牙：

能夠進入深度催眠的人甚至可以拔牙而不覺得痛，或者只感覺疼痛在遙遠的地方，好像事不關己。

5.手術：

能夠進入深度催眠的人也可以接受手術，文獻上曾記載各種胸腹部與四肢手術，對麻醉藥過敏的人是一項可行之道。

那麼，催眠的作用是不是使腦部產生嗎啡，所以才不會疼呢？

曾有人進行實驗，讓受試者服用抑制嗎啡的藥，結果受試者依然可被催眠而不怕疼痛，顯示另有不明的機制，我認為是因為注意力轉移，並非真的沒有感覺。

催眠術中最有名的一個發現，就是所謂的「隱密的觀察者」，概述如下：在催眠之前，先告知受試者要去摸冰水，如果覺得手痛，請用另一隻手按某個燈，以表示會痛。

催眠開始，催眠師一再向受試者暗示手不會痛，果然在真的碰冰水之後，受試者表示沒感覺，但另一隻手卻一直按燈！

於是有人提出觀察者一詞，以解釋另一隻手為什麼會按燈，雖然在意識上沒知覺到。

我的看法是，催眠時的腦部運作已變得非常侷限化，只聽催眠師的命令行事，其他原有的腦部運作並沒有停止。

可以這麼說，催眠使腦部的特定細胞群變成「強勢」，或使特定神經網路活絡；其他腦細胞在相對之下變成弱勢團體，無法成為意識主流，卻仍可以發揮「地下」的力量來按燈，以免受到凍傷。

戰場上的勇士衝鋒陷陣進行肉搏戰，等到敵人倒地之後才發現自己也負傷了，平常人也可以找到身上莫名其妙的瘀青，道理都是一樣的。

6. 增強自信：

許多靈修課程強調可增加自信心，其實方法都是自我催眠，譬如想像自己每天各方面都愈來愈好便是一例。

我認為往正面想固然不錯，只是能持續多久呢？以各種直銷業會員大會為例，會場上激動吶喊、淚流滿面、成功激勵的話語不絕於耳，走出會場的每個人都信心滿滿，可是過沒多久，殘酷的現實猛澆冷水，又變成一堆洩氣的皮球，所以效果是短暫的。

7.戒除惡習：

各種戒菸、減肥、美容班盛行，其實或多或少都有運用催眠的方法，效果當然不一，我覺得指令愈精準周全，愈能達到長期的目的，空泛的指令的效用是很有限的。

以上是我能想到的正面作用，至於宗教界運用的催眠模式，是否可以達成靈性上的目標譬如淨化人心，就很難論斷了。

八、負面作用

在過去，催眠師常受到人們異樣的眼光，深怕會騙人做壞事，時至今日，這樣的顧慮已不必要了。

一個常被質疑的地方是人們在被催眠之下，會不會做出違反自己的意願的事，譬如搶銀行？

一般的催眠師會說不可能，其實若使受催眠者相信眼前的銀行不是銀行，且認定銀行人員是偷走他的錢的賊，就有可能搶錢了。

所以，催眠的技巧是很重要的，曾有邪惡的催眠師誘姦婦女，便是以暗示的手法將自己說成白馬王子、電影明星、天神、婦女的丈夫，在台灣則以假藉神明附身最多。

另外，被催眠後會不會醒不過來，變成神經病？其實沒有醒不過來這種事，有些受試者本身想睡覺或享受恍惚的感覺，以至於不願醒來，解決之道就是以堅定的語氣，保證醒來後一切都很好很舒服。

曾有一群受試者在台上被催眠得渾然忘我，只因台下有人大叫失火了，全部嚇醒跳到台下倉皇逃生去了。

也有兒子在台上被催眠，父親在台下樂得心臟病發倒下去，旁人向兒子大喊，兒子立刻驚醒衝到台下救人。

有一位仁兄被催眠後語無倫次，旁人向另一位催眠大師求救，只見大師悄悄地走到旁邊，狠狠的踩那位老兄的腳，唉呀一聲立刻醒來，還說幹嘛踩我？

所有催眠都是自我催眠，都是受試者心甘情願接受擺佈，所以醒不過來也是有可能的，只是不會太久。

有一種催眠術以驚嚇為主，稱之為催眠恍惚，催眠師以嚴峻的目光與語句恐嚇，而受試者也相信權威，以至於進入催眠狀態。

這種催眠有後遺症，受試者的心理受到扭曲，有可能做出平常不敢做的事，許多效忠獨裁者的軍人，在戰場上失去人性濫殺無辜，便是此種催眠的作用。

即使如此，這些軍人仍未違反自己的意願，因為他們自認為是替天行道，殺的人都是死不足惜的人渣，以各種藉口來掩飾殺人的正當性。

最常見的催眠負作用是在醫療方面，曾有人在催眠之下，長期的關節疼痛頓時消失了，遂高興得手舞足蹈。

其實關節炎並未痊癒，可能是因為催眠而使腦內嗎啡或腎上腺素大量分泌，緩和了疼痛的症狀，但手舞足蹈容易造成關節內出血，反而加重日後的病情。

前面曾提過一位香功大師，在他的所謂帶功報告中，現場幾十位坐著輪椅的老人竟然站起來走路，連拐杖都不用，戲劇性的效果讓人懷疑是否經過事先串通。

我也見過坐在輪椅上的中風老人，在大師的比劃下，竟然站起身子走了幾步。

也有人罹患突發性耳聾，俗稱耳朵中風，在中國氣功大師的發功之下，忽然恢復了聽力，但一回到台灣又什麼都聽不見了。

這些案例都不是什麼神功發威，以催眠來解釋便已足夠，但根本不能持久，只要催眠師一離開，什麼效果都漸漸減退，且可能有後遺症，所以必須謹慎看待催眠醫療的功能。

九、前世催眠與記憶

最常被人引用來證明靈魂的例子，是所謂的前世催眠，藉由催眠師的暗示，誘導受催眠者說出前世的遭遇。

以催眠來取得所謂的前世證據，已有太多調查否認其真實性，譬如被催眠者宣稱前世是清朝人，一旦詢問他當時穿著、人文典故、風俗習慣等，就與史實不符。

已有科學家對沒有前世信仰的人進行催眠，也可以得到所謂的前世記憶，顯示暗示的成分很大，一些西方教徒轉信東方宗教的例子，或許就是在催眠之下記起了所謂前世遭遇所致。

極少數前世催眠案例出現接通信息場的情形，但絕大多數只是天馬行空的想像而已。

輪迴轉世的證據調查中，最著名的當屬美國的史蒂文森（Ian Stevenson）教授，他收集了數百位未經催眠而擁有前世記憶的兒童案例，而且經過查證之後，前世的人事物大都屬實。

不過，經過兩位荷蘭研究家仔細檢視之後，發現許多前世的資料根本是家族史或早就認識的人，幼童曾聽過父母談論而存入潛意識，然後在語言能力較佳的三、四歲時說出來。

其中有兩例無法解釋，因為不屬於家族史或鄰近村落的資料，一位三歲半的小孩述說前世的自己死於五年前，另一位兩歲小孩談及前世的自己死於三年前。

他們所訴說的前世資料大都正確，譬如真有這樣的亡者，曾住在某地，家中成員的姓名也大都正確。

令人驚訝的是，把他們帶去見前世的家庭時，居然可以在不經提示的情形下認出部份成員，連一些家族秘密也說得出來。

靈魂學家認定這些是輪迴轉世的鐵證，我覺得大有問題，因為有些關鍵地方必須好好探討。

史蒂文森教授的調查雖不甚完善，我相信不至於假造案例，但父母的暗示是很有可能的，因為許多案例發生於相信轉世的家庭中。

小孩的腦部表面尚未發育完成，我認為很有可能偶發超能力，也就是接通信息場。

當小孩述說一個奇怪的故事時，也許就是接通了幾年前發生於某地的信息，如果遇上相信轉世的父母，可能會暗示為前世，小孩也真的相信，前面那兩例可作如此解釋。

想想看，如果父母說不要亂講，小孩可能從此不再多說，如果父母認為有超能力的可能，小孩就會變成神童了。

神童與前世記憶兒童有什麼差別嗎？我認為一模一樣，只是父母的認知不同而已。

中國大陸就有許多這樣的神童，如果把他們放在印度的家庭中，必有一部份成為前世記憶兒童，這是說得通的。

至於有些小孩的胎記位置，竟與前世被槍殺的傷口位置一致，我認為沒什麼奇怪，因為整個身體表面頂多只有幾個區而已，很容易發生與前世一致的巧合。

十、自我催眠與氣功

高雄長庚醫院的一位中醫師公布，人體的病氣可藉由針灸接上導線來傳至植物身上，而植物的健康之氣也可藉由同樣方式傳至病人身上，植物甚至因此而枯萎，「氣」真的存在嗎？

氣功師以氣功治病，催眠師以指令暗示病痛消失，這些案例有什麼差別嗎？氣功是一種自我催眠或暗示嗎？這必須從兩者的心法談起。

氣功通常是依照從頭到腳的順序進行冥想與放鬆，譬如想像清氣從頭頂進入，濁氣從腳底排出，有時會意守丹田，也就是想像能量在下腹部聚集或放射。而自我催眠或被催眠正好相反，通常是依照從腳到頭的順序進行放鬆，雖然沒有想像氣的流動，但效果良好之時也會產生腹部溫暖的感覺。

此外，氣功師發功的時候，會想像氣從一隻手掌發出，從另一隻手掌吸入，而被催眠過程僅出現語言或心理暗示，催眠師自已不必想像能量的流動。

從腦部的活動來看，從頭到腳或從腳到頭的冥想會在感覺區造成電流動，所以氣功師與自我催眠者的腦電活動應有走向的差異。

但從效果來看，就不易區別了，兩者的病人身心狀況皆有可能獲得改善，偶然也出現治病或麻醉的奇蹟。

我的想法很簡單，只要使腦部恍惚以至於喪失自我，不論是使用何種方法，譬如瑜伽、氣功、靜坐、催眠、祈禱、狂舞等，皆可產生相似的效果。

醫學研究已證實，深度睡眠可加速身體的復原，喪失自我感就是一種擬睡狀態，所以有利於健康。

至於發功治病的過程，如果去除暗示的介入，還會有效果嗎？

我認為發功的最大實際效果，只能影響物質的微細層面而已，譬如在無規事件發生器（random number generator）的實驗中，很多人都可以意志力偶爾影響電子的活動，而疾病是巨觀的現象，根本無法撼動，如果產生任何治療上的奇蹟，其實與催眠暗示無異，乃被發功者本身的心理安慰作用所致。

至於氣的成分眾說紛紜，有紅外輻射、空氣振動、粒子流、靜電、磁場、體內組織共振等各類報告，但人體本來就會發出這些能量，並無氣功師所言之體內流動現象，所以氣的本質仍未明朗。由於氣功師常以意導氣，氣至少與腦內電生化反應的走向有關。

既然氣與腦部的電活動走向有關，長庚的那位中醫師的治療，可能只是針灸本身的效果（可誘發腦內嗎啡），加上對病人的暗示作用而已，不太可能有氣在導線上流動，植物枯萎則純屬巧合。

最後，我描述一下真正放鬆的感覺，在視覺方面可以看見霧狀光團、旋轉的太極圖、白光、光點、光纖、光球、甚至人形等。

在觸覺方面可以感覺皮膚發麻、手部發漲、胸前有小溪流通過、肌肉抽躍（nocturnal myoclonus）、震撼（sensory shocks）、麻痺等。

在平衡覺方面可以有下沉感、飄浮感、旋轉、失去方向感、跌落（falling experience）、側移、出體等。

在聽覺方面可能聽見飛機飛過頭頂、打雷、蟲鳴鳥叫、風吹樹葉聲、脈搏聲、雨聲、電鈴、三角鐵敲擊聲、動物聲、音樂等。

可以這麼說，任何入眠期幻覺（hypnagogic hallucination）或清醒期幻覺（hypnopompic hallucination）皆有可能出現，差別在於意識清醒而已。

十二、天眼？

通靈似乎是許多宗教的起源，卻被許多精神科醫師視為一種人格解離（personality dissociation），也就是當事人不滿現狀，因而發展出來的幻想，究竟孰是孰非？

可以肯定的是，部分精神異常者也號稱通靈，所以病態的因素不容否認，但有沒有其他原因呢？因為很多通靈人似乎也能過日常生活。

前面曾提及在大腦的兩側也就是耳朵的上方，稱之為顳葉的部分，已被發現與宗教經驗有關，只要該區活躍，各種奇異經驗會出現，而左側頭頂稱之為頂葉的後方，已被發現與自我方向感有關，若該區活動消失，會經歷到「更大的存在」。

姑不論神靈利用這些腦區與人類溝通，還是純粹的幻想，我覺得比較重要的是通靈有益於人生嗎？

通靈者最常集中精神的地方在雙眉之間，即所謂第三隻眼，或相當於松果體的位置，企圖得到上帝或神靈的啟示。

如果偶然一試，還不會怎麼樣，如果常常集中精神，就彷彿常常顰眉蹙額的人一般，心神將耗費太多而不寧，一些併發症如頭脹、想吐、心慌等會出現。

在氣功、冥想、打坐、催眠、祈禱等靈修方法中，走火入魔或心理偏差的例子很多，有人解釋成潛意識裡被壓抑已久的負面內容浮現出來。

當一個人的精神集中之後，對周遭的感覺就會遲鈍，彷彿進入感覺剝奪的實驗室，潛意識的思想流自然彰顯出來，等於處於夢幻世界。

但集中精神於兩眉之間是非常不好的，會讓腦部過度工作，因為一直期待眼前出現啟示，等於胡思亂想作白日夢。

大多數人的欲望太大，如無底深淵永不滿足，沒有小孩的童真，作白日夢就變成與殘酷現實間的惡性循環，生活愈不如意，啟示就愈荒誕不經。

偶然接通信息場是有可能的，但多半沒有意義，這時通靈者強加解釋，不斷幻想，延伸其意義至無限大，悲劇就發生了。

沒有一位通靈人是逍遙自在，豁達快活的，即使信徒的鈔票大筆奉上，仍然不斷通靈以吸引更多金錢，結果便是大家在電視上看見的離譜報導，教主居然勒令信徒自殺，以追隨上帝或飛碟的蹤跡。

被神明賦予重大使命或任務，常常是通靈者曲解信息的結果，因為在生活中只是升斗小民，遇上腦海出現的神秘人物，自然奉若神明，只要神明一開口說話或發出心電感應，就很容易想成神諭或天命。

所以，將所有通靈經驗全說成胡思亂想或幻想，是不公正的，我認為至少在開始的時候，可能發生過信息場接通，但後來全變質成衍生的想像。

如果集中精神在頭部以下，就不會有用腦過度的危險，當然這種方式就無法常常通靈了，卻是修行的正道。

請大家不要參加任何開天眼課程，還不如學一些成功秘訣較實際有用。

如果常常在無意之間看到奇異的景象，請視若無睹不要解讀並盡量放鬆，如果還是揮之不去，請趕快就醫以找出病因。

意識篇

一、簡介

大家也許聽過這樣的說法：我們的清醒意識猶如冰山在水面上的部分，而潛意識猶如水面下的龐大部分，當然這是一個比喻，但很明白的指出意識還有很多我們不知道的地方。

我不太用比喻來描寫意識，因為對真相的發掘並沒有幫助，所以把最新知識介紹給大家或許是最佳方式。

許多宗教教義認定，每一個人身上都有一個或數個靈魂，死後便離開肉體，大家可曾懷疑其正確性？

我沒有否定靈魂的邏輯意義，只是質疑，為什麼要將個體靈魂視為理所當然的真理呢？不能有其他的見解嗎？

我是一位天生叛逆的醫師，在沒得到科學的驗證之前，是不會輕易相信任何想當然爾的說法的，本章的結論沒有否定靈魂的存在，反而建議以嶄新的角度看待靈魂的本質，所以不要把我當成冷酷無情的唯物論者。

由於靈魂一詞充滿迷信的色彩，本章以意識一詞取代，並深入科學尖端領域，以淺顯易懂的方式，輕鬆地討論意識的本質，希望能釐清關於靈魂的誤解，以減少迷信的產生。

意識的本質是一道千古難題，也是所有神秘事物的起源，多少哲學家與科學家耗盡心血研究，至今仍未有共識。

科學家一度以為只有人類才具備意識，近來發現猩猩與海豚也有自我意識，使得靈魂的真實面目漸漸浮現。

討論意識並不會陷入空談，因為它是生命意義的基礎，也是一切宗教的根本，了解它等於找到生命之鑰，否則活在世上可能只是渾渾噩噩、盲目鑽營罷了。

本章是入門介紹，難免沾染了我的個人意見，但秉持言之成理的一貫作風，大家不會找到不合邏輯的地方。

融合科學與宗教的說法，一直是我的努力目標，本章算是一個起步，雖不很成功，但兩者的影子多次重疊，顯示仍大有可為。

希望本章能成為心靈教育的參考資料，因為對社會的長遠發展而言，客觀冷靜的分析遠比主觀感性的暗示，更具有正面的影響。

請大家暫時放下世俗的偏見，輕鬆瀏覽一番，即使不同意我的說法，也可得悉一些科學新知，保證不會一無所獲。

二、動物的意識

我們有靈魂嗎？意識就是靈魂的一部分嗎？這個問題其實等於問：我們是誰？至於名字只是代號，不足以說明人類的本質。

想找到這個問題的答案，必須先問問心理學家，因為自從佛洛依德開啟了潛意識的研究之後，心理學家是最早以科學方法研究意識的專家。

心理學家說，意識就是對自身目前的內心狀態與外在環境的覺察（awareness）。

也就是說，知道內心的感覺與環境的刺激，便是意識，但到底是靈魂在利用肉體來意識，還是肉體本身在意識？

在回答靈魂問題之前，大家想想看動物有沒有意識呢？牠們可以覺察自己的內心狀態嗎？

這是很難回答的，除了本能以外，動物幾乎不能向人類表達其內心想法，所以常常會出現各種猜測，譬如動物向同伴發出一種叫聲，可能代表高興，也可能代表社交性招呼，甚至是地盤的宣告，很難完全弄清楚。

動物學家之所以認定猩猩與海豚有意識，乃肇因於鏡像實驗，也就是在牠們面前擺個鏡子，看看是否能認出鏡中的影像就是自己。

譬如在牠們頭上黏一塊東西，結果只有猩猩與海豚能認出東西其實是在自己身上，不是在鏡中，而海豚可能比猩猩的認知速度更快。

狒狒是非常聰明的動物，卻怎麼樣也認不出鏡中影像，不但一直咬鏡子，還繞到後面看是否有另一隻狒狒，舞弄到最後會索然無味而離去。

當然，如果以鏡像實驗來斷定自我意識的存在，並非沒有破綻可言，譬如黑猩猩必須有數小時的時間觀察鏡子，才能恍然大悟，我們不能說牠耗費這麼長的時間，才出現自我意識，其實本來就有了，只是比較模糊罷了。

人類也不是一生下來就具備了清楚的自我，大約在一歲半到兩歲左右才漸漸發展出來，海豚與猩猩的自我意識就相當於人類的幼童期。

既然人類能記得孩童時的情景，沒有理由說猩猩與海豚不知道自己的內心狀態。

我的意見是既然無法明確定義自我，就不妨認為智力相當於人類一歲半或兩歲以上的動物皆有自我意識，只是程度不一而已，所以狒狒與犬類等聰明的動物或許有一些自我意識，只是鏡像實驗偵查不到而已。

如果只問動物有沒有最粗淺的意識，不管自我意識，我認為大多數的動物都有，因為只要有神經系統，就不能斷然否定有某種意識狀態。

已有人發現鴿子與渡鴉在某種情形下竟出現頓悟（insight，意思是不經嘗試錯誤而來的靈感），人類實在不能太自大，應多多研究意識的深邃之處。

三、意識的層次

一般人都知道精神充沛與精神委靡有很大的不同，所以有人將意識分成三個層次，最低的層次代表覺察到外在刺激與內心念頭，第二個層次代表能進行反省，最高的層次代表能覺察到自己在覺察。

依照這樣的定義，猩猩有時甚至可到達第二個層次，譬如給牠一個箱子、一根棍子、一根懸掛在半空中的香蕉，剛開始牠以棍子揮打，但不夠高，在踱步一陣子之後，牠踩上箱子揮打，才取得香蕉，心理學家謂之頓悟，也就是一種反省的結果。

日本有一隻黑猩猩，大概是全世界最聰明的猩猩，在一連串的電腦測驗中，牠必須觸摸螢幕上出現的五個任意排列的個位數字，而且從小到大不能出錯，譬如64892出現後即消失，牠必須瞬間記住數字的位置，依照24689順序觸摸，成功率竟達九成以上，且反應極快。

而一位美國心理學家下場測試，卻一再出錯，只能記住四個數字，顯示我們對動物的智能必須另眼相看了。

不過，動物的意識大多處於最低的層次，很少出現第二層次，更甭提最高層次了。

最高層次的意識如同演員知道自己在演戲一般，有人說人生如戲，但一般人很少真的將生活當成演戲，因為看著自己高興，看著自己哀傷，看著自己憤怒，看著自己煩惱，豈不是太不入戲，太虛偽了嗎？

其實，最高層次的覺察不是虛偽，而是洞悉事物本質之後的結果，也就是得失看淡，內心總有一位冷眼的旁觀者。

曾有哲學家想努力保持最高層次的覺察，卻發現不太可能，因為一下子就投入念頭之中而無法抽離了。

一些修行家最了解個中奧妙，這樣的覺察既不是冷漠，也不是戴假面具，而是長期放棄自我的結果，這點在下一章會再提及。

意識的層次既然有深淺之分，人類生活也有程度上的差別，譬如有人被形容成行屍走肉，不就是以最低層次在過活嗎？有人被形容成洞察事理，也許是最高層次的覺察比別人多吧。

最高層次的覺察愈多，人生應過得更好，因為不再慌張受困，迷失自己，但真正能長期保持這種覺察的人如鳳毛麟角，整個人類史翻開恐怕也是寥寥可數。

想知道自己有沒有處於最高層次並不困難，只要在做事的時候同時覺察到軀體的感覺便行了，因為已不再完全投入情境之中，出現所謂的旁觀者了。

大家可以試試看，最高層次的覺察稍縱即逝，只要遇上吸引人的情境就退回成第二或第一個層次，極難長期維持。

四、意識的分類

心理學家將意識概分為四種：清醒意識、無意識、前意識、潛意識，我覺得有必要探討一番。

清醒意識似乎是大家都明白的，但也有程度上的不同譬如催眠與冥想，前面已提及。

無意識（nonconscious）是我們無法覺察到的身體或心理活動，至少有三種類型，一是身體內部的生理運作包括腦部的電生化反應，任何人皆無法察覺到。另一是在極為短暫的刺激之後，一般人雖無法覺察卻會影響判斷，譬如一些廣告的暗示，常在不知不覺中影響大眾的消費行為。第三種是差別極小的比較，譬如詢問哪一件物體較亮或較重時，若受試者沒有把握卻被迫亂猜，正確率會高於偶然猜中的機率。

無意識等於腦部的暗中運作過程，在生存上非常重要。

前意識（preconscious）是隨時會成為清醒意識的狀態，譬如見到一位老友卻一時想不起名字，但過一段時間或稍被提示，答案就突然出現了。

前意識與下意識（subconscious）不同，下意識屬於無意識的一部分，譬如戴眼鏡的人，會在眼鏡拿掉之後仍做出扶眼鏡的動作，這就是下意識行為。

潛意識（unconscious）專指被壓抑的訊息，譬如極度焦慮的創傷經驗，不為自我所接受，乃被排除於清醒意識之外，但會出現於笑話或夢境之中。

其實，這些定義都是學者為了便於討論而發明的，我們可以把清醒意識以外的都稱之為潛意識或無意識，也無甚大礙。

有些意識的內容無法歸類，譬如奇異的腦中影像或聲音，且與壓抑無關，我還是列入潛意識或無意識的範疇，以彰顯整體意識的博大精深。

清醒意識是以五官的感覺作為基礎的，如果這些感覺消失，就會很快進入潛意識，不過除了睡眠以外，很少會發生這種情況。

五、意識的功能

意識的功能是演化出來的，目的是增強控制環境的力量，以求得更好的生存。

當然，宗教家還有別的想法，譬如更偉大的使命，但在尚未完全認清意識的真面目之前，不宜談這個主題，所以列入下一章再討論。

我不知道人類在什麼階段演化出自我意識，但黑猩猩已有鏡像意識，而人類與黑猩猩於五百到七百萬年前分歧，所以將這個年代視為意識的起點，大概是八九不離十了。

意識的另一個重要特性是自由意志，也就是自由選擇的意願，人類似乎有自由意志，對吧？

有些心理學家認為自由意志是假象，因為每個人的知識背景與生活習性會決定他的選擇，根本沒有自由可言。

我覺得這個說法不完全正確，應改成比例的說法較好，譬如某個人有百分之九十會這樣做，百分之十會那樣做，所以自由的空間很小，不是沒有。

有人說江山易改本性難移，這是千真萬確的，很少人能違背自己的意願做事，看看以下的例子便瞭解了：

假設某人接受大型迷宮測驗，站在兩條一模一樣的岔路前猶豫不決，他會選擇走哪一條路可能有個人偏好，也許會偏好右邊那一條路。

但我們不能預測他一定會選右邊，如果統計一百次岔路，決不可能一百次都是右邊，因為任何心情上的變化都有可能影響決定。

喜歡見異思遷的人與偏好中規中矩的人就有明顯的不同，但大腦科學家恐怕有不一樣的看法，這裡概述如下：

在你做任何決定之時，大腦早在半秒鐘前就完成電生化反應了，也就是說自由意志是個假象，大腦先做好工作，意識才覺察到。

有人認為左腦有個解釋者，也就是意識的本體，專門解釋大腦的運作，但位居左腦的何處仍不得而知。

雖然自由意志可能是個假象，意識上仍無法察覺潛意識歷程，所以我相信人類有些許的自由意志，可做一些隨機隨興的選擇，譬如長得一模一樣的同卵雙胞胎，即使他們的基因與環境雷同，也能走出不同的人生際遇便是明證。

（有人認為，同卵雙胞胎在子宮內的姿勢不同，且在幼年期的視覺經驗也有角度上的不同，所以會有不同的人生際遇是必然的，但這些是難以證明的推論。）

六、可能的腦區

意識位於大腦的哪一區呢？這是很難回答的問題。

根據最新的研究顯示，意識似乎從腦表面的前沿到後部都有，仍無法確定真正的答案為何，但位居腦幹部位的網狀賦活系（reticular formation）一定有關連，因為它負責意識的清醒。

以大腦的前扣帶迴為例，在出現自由意志時此區會活動，可能與自我有關。但自我不等於意識，目前有兩派主張，一是額葉派，另一是顳葉派，我先討論額葉的功能。

額葉掌管人格與注意力，曾有工人在左額葉受創之後性格大變，朋友都認為他已不是原來的他，顯示額葉至少與意識的一部分有關。

顳葉則與認知判斷有關，以顳葉癲癇為例，患者會出現五官與情緒的幻覺，甚至有靈魂出體的感覺。

顳葉受損的嚴重性超過額葉障礙，所以意識的主角似乎位於顳葉，但醫學上的昏迷指數（Glasgow Coma Scale）卻有不同的觀點，值得一提。

昏迷指數判斷一個人意識喪失的程度，以睜眼、說話、肢體反應三項為基準，從3分到15分，也就是從重度昏迷到完全清醒，分數遞增。

與睜眼有關的腦區有視覺區與掌管清醒的網狀結構，兩者缺一不可，當然負責眼球移動的神經路徑也有關聯。

負責語言的有兩區，分別在額葉與顳葉，肢體反應則涵蓋額葉與頂葉。

至於重要性，肢體反應佔了6分，說話佔了5分，睜眼佔了4分，顯示醫學較偏重對刺激的動作反應。

從昏迷指數看來，整個腦部都與意識有牽連，我覺得應該把意識的定義範圍說清楚，才能精確的定位。

潛意識或無意識的負責腦區在右腦表面皮質的大部分與腦深處，是清醒意識的基礎，沒有潛意識就沒有清醒意識。

清醒意識與左腦皮質比較有關係，我認為額葉、顳葉、頂葉三者缺一不可，只是分量不同罷了。

那麼，植物人有沒有意識呢？

植物人的大腦皮質損傷範圍通常很嚴重，腦波的異常卻不一定，從還有波形到幾乎平線都有，顯示植物人的意識可有可無。

不過，可以確定的是即使有意識也殘缺不全，或許可喻之為幼童的意識，忽明忽滅。

少數植物人見到親友來訪會掉淚，但大多數案例沒有反應，可見植物人的意識是難以斷定存在與否的。

對植物人進行安樂死是極具爭議性的，因為誰也無法肯定有沒有意識，只能見仁見智了，但極少數的植物人會突然甦醒過來，曾有睡三十年才醒來的案例，所以在缺乏長期周延的照顧之下逕行安樂死，我認為是不妥的。

七、意識的特例

複製人是當紅話題，其製作過程是這樣的：把將複製的人的細胞基因取出，植入一個已取出基因的卵子內，然後放入一名婦女的子宮裡，以後生下來的小孩就與被複製者一模一樣。

複製人的意識與正常人的意識一樣嗎？有靈魂嗎？

已有科學家宣稱成功複製了人類，如果查證屬實，以後可能會產生以下問題：

1. 道德問題：

想成功地完成複製程序，必須犧牲許多胚胎，才會有一個成功，似乎有謀殺之嫌，不過，胚胎在子宮裡的存活率本來就只有一半，複製的成功率必須提高至超過一半，道德爭議才會減少，目前的成功率仍極低，實不宜貿然為之。

2. 倫理問題：

有人說這個問題不大，只要複製人稱呼原來的本尊為父親或母親就行了，但問題沒那麼簡單，如果提供卵子的女性與懷孕的婦女也來要求監護權，該怎麼辦？有人指出，卵子的品質會影響複製人的身心狀態，而孕婦也有胎教的影響力，顯示兩者若提出要求並非無理。

3.畸形問題：

複製羊桃莉已有老化與關節問題，如果複製出畸形兒或在成年後才出現身心疾病，會造成養育負擔或社會問題，所以，除非技術水準能提高，否則輕率為之將產生更多的問題。

4.種族問題：

如果有太多人複製自己，人類基因的多樣性將不再，有可能導致絕種，因為基因庫愈複雜，人類才愈能度過環境的巨變，這是必須考慮到的嚴肅課題。

5.貧富問題：

複製的過程需要龐大的開支，貧窮的人是負擔不起的，只有富人才有資格為之，可能會導致社會問題或動盪不安，當然，如果費用降低，這問題就不存在了。

6.品種問題：

如果將愛因斯坦複製出許多個，或許有助於科學進步，如果是野心家大量複製自己，會造成世界大戰嗎？我不認為會發生，因為時代不同，會培養出不同的人，所謂治世為能臣，亂世為梟雄，非基因可單獨決定，何況複製人長大後會聽從本尊的指示嗎？連同卵雙胞胎的意見都未必一致，遑論複製人了。

7.信仰問題：

凡是在信仰中有陰陽理論者，遇上複製人將完全崩潰，尤其是女性複製人的產生過程，完全不需要男性，如果日後複製技術精進，成功率提高，這世界即使沒有男人，依然可靠女性複製而維持運作。

8.靈魂問題：

相信靈魂存在的人，必須考究複製人的靈魂來源，相信輪迴轉世的人，必須推敲複製人的前世為何，這是不得不面對的現實，有可能動搖宗教的根本或產生宗教改革。

如果複製人類的目的，只是為了解決不孕問題，就值得商榷了，因為使用捐贈的精卵或領養孤兒，或乾脆不養小孩，不是更好更安全嗎？如果不孕的原因不是意外受創而是體質問題，仍會複製出不孕的後代，問題依舊未獲解決。

另外，複製人並不普及，在他們長大之後終於知道自己是個怪胎時，心理衝突或異常將可想而知。

總之，複製人類雖有不少問題，公權力卻無法完全杜絕，大家必須要有心理準備，趁早審視自己的生命觀或靈魂觀，以免受到巨大衝擊而不知所措。

現在回答前面提到的一個問題，到底是靈魂在利用肉體來意識，還是肉體本身在意識？

雖然我比較認同肉體本身在意識，但意識的本質仍未明瞭，心理學也找不出答案，所以請大家繼續讀下一段文章，可以多知道一點線索。

八、集體無意識

心理學大師容格Jung曾提出集體無意識的主張，認為每個種族或全人類皆有共通的象徵在潛意識裡頭，超心理學家常引用這個說法來解釋超感知覺，而容格本人也相信神秘現象。

但有一個問題，如果某人預知地震或洪水成功，集體無意識的假設就說不通了，因為非生命的洪水與地震不屬於集體潛意識的範疇。

如果您完全不信超感知覺，當然就不必理會集體無意識，但必須承認某些人猜測的運氣特別好，不過我個人的經驗卻不是用猜的，過程是這樣的：

有一天早上七點多醒來，在床上甫一坐起，我的眼前突然浮現「星期」二字。這二字並非如真實物體般生動，有點模糊，我覺得莫名其妙，因為早已知道當天是星期幾，遂不以為意、起床上班去了。

奇妙的是，當天下午我翻開別人的晚報，頭一個映入眼簾的竟是一篇標題為「論星期」的文章。

如果把這個事情解釋為巧合當然可以，但機率極低，因為天底下有幾個人關心「星期」二字的意義？何況我根本沒興趣知道（因為看了那篇報導，我現在已知道與牛郎織女有關，平常的我一定會跳過不讀）！

另一個奇妙之處是，我拿了報紙只在第一次打開時就發現，而非遍讀之後才發現，這種機率是很低的。

另外，論「星期」的文章有如鳳毛麟角，被我當天碰上還真是運氣奇佳呢。

如果先不論機率是低到什麼程度，仔細研究這是哪一種超常感應，實在難以歸類，因為好像我已透視了報社裡尚未編輯的文稿（早上七點多晚報還未完成），又好像我已預知下午的場面，或甚至與該篇文章的作者進行心電感應？當今的超心理學與集體無意識是找不到答案的。

所以，我推薦以信息場理論來解釋，先將星期二字視為一種信息，不管是文稿上的還是作者的念頭，全是物質與能量的組合，以未知的形式彌漫於空無之中，然後被恍惚的我意外截獲。

懷疑論者當然可以認為我的運氣特別好，不過連機率都無法估算的事件，是不是該有其他的解釋呢？

如果有人夢到樂透頭彩的號碼，機率是可以算出來的，大約有五百萬分之一，當然不能排除巧合的可能，但眼睛前方出現意料之外的兩個字，機率是算不出來的，超感知覺的可能性不能草率排除。

我的經驗也說明了一件事實，與信息場接通是沒什麼意義的，因為知道星期的典故有什麼用呢？

我相信集體潛意識是存在的，但不是意識本質的全貌，必須以包含非生命的信息場理論，才能解釋得比較好，大家以為呢？

九、意識的本質

以信息場來猜測意識本質，仍只是隔靴搔癢，如果從量子力學來探究，就有耐人尋味的地方。

目前已知道腦細胞是意識的主角，但解剖腦細胞之後得到的只是一些DNA與胞器，後者是使細胞運作的小器官，看不出意識的成分在哪裡。

如果再剖開DNA與胞器，看到的也只是原子與分子，仍無法與意識的本質聯想在一塊兒。

如果再剖開原子，量子的世界就非常詭異了，超乎一般人的常識想像，我舉出兩例說明：

目前物理學有所謂「規範理論」（gauge theory），認定已知物質由三對重子（六種夸克）及三對輕子（微中子、電子、其他粒子）所組成，而能量有四種：重力、電磁力、強作用力、弱作用力。以前發現的質子乃由三個夸克組成。

這些已知物質組成銀河、星辰、人類、細菌等，只佔宇宙物質總量的5％不到，剩下的95％當中，約有30％由神秘未知的「黑暗物質」（dark matter）與65％的黑暗能量（dark energy）組成；黑暗能量即各大星系以不斷增加的速度、使得彼此漸行漸遠的宇宙斥力。

組成電磁力的粒子叫做光子，如果將一個光子剖成兩半，稱之為孿生光子，已有實驗證明這類光子間有不可思議的溝通力。

使兩個剛分開的孿生光子射向相距十公里的AB兩地，而兩個終點皆有兩條路可選擇，實驗發現兩者的行徑竟然同步，譬如其中之一進入終點的右端，另一個就不會走向左端。

而這種瞬間溝通的速度所需的時間，最多不超過100億分之3秒，已比光速快10萬倍，卻不符合現今的物理法則。

另一個例子是所謂測不準原理，意思是一個電子以各種機率同時出現在各種軌道上，所以測到它的位置就測不出速度，測到它的速度就測不準位置。

換句話說，電子如鬼魅般繞著原子核運行，並非如一般人想像如九大行星繞著太陽運轉一般。

我們的世界是非常有法則的，除了偶發的超感知覺以外，似乎每一件事都有常識與邏輯支撐，量子世界卻顛覆一切，出現詭奇的法則。

如果以怪異的量子來對比意識的本質，兩者同樣詭譎，同樣難以理解，差別在於前者可用數學語言來解釋。

那麼，量子就是意識的終極謎底嗎？我覺得還是有問題，因為非生命的物質如石頭也是量子組成的，卻沒有意識，而且主觀感覺與如鬼魅般的粒子之間實在很難找出什麼相關之處，所以依照邏輯推理，中間一定還有失落的環節有待探索。

有些科學家宣稱已破解意識本質的奧秘，都是犯了思想跳躍的毛病，譬如找到某個念頭是腦細胞之間的電生化作用網路，就以為揭開了黑盒子的答案。

大家想想看，假如「這果汁好甜」的念頭在腦部呈現出多重閃電交錯的模式，兩者可以劃上等號嗎？中間是不是應該有失落的環節呢？在邏輯上是無法承認「甜」等於「電」的。

十、我的推論

有一個問題非常簡單又玄妙：為什麼腦袋一定要把玫瑰解讀成紅色的花，而不是綠色的花呢？

有人會認為這麼簡單的問題還需要回答嗎？不是廢話嗎？我倒覺得很難回答。

紅色的光與綠色的光都是光子組成的，差別在於頻率不一樣，打在眼睛裡的視網膜上會發出不一樣的電訊，然後傳至後腦視覺區進行解讀。

假設有這麼一天，科學終於破解紅光與綠光的腦部網路，兩者有些微差別，如同兩次閃電一般，答案已經找到了嗎？恐怕有問題。

腦細胞的運作模式很奇特，紅色與綠色的頻率差距很少，卻被解讀成截然不同的兩種顏色，紫外線的頻率範圍很大，卻視而不見，顯示與生存有關的光譜被誇大了，與生存無關的光譜卻沒有反應。

為什麼腦部不將紅色解讀成綠色，將綠色解讀成紅色呢？以演化的角度來看也難以回答，或許淺色比較鮮艷，與食物比較有關係，而深色比較暗淡，與毒物比較有關係，所以腦部不會把深色看成淺色，以免誤食，這是我個人的猜測。

但還是有問題，腦部為什麼容易看見淺色，而不容易看見深色？蜜蜂的腦部就可以看見紫外線，只是沒人知道牠看到的是什麼，或許紫外線對牠而言是鮮艷的顏色，垂涎欲滴呢。

再問下去真的是沒完沒了，如果大家被搞得一頭霧水，我就從前面提到的意識本質談起，或許比較容易一些。

意識是腦細胞的產物，腦細胞由量子組成，量子由137億年前的宇宙誕生而來，而宇宙誕生前可能是沒有時間空間的「無」，這些是目前已知的科學。

量子力學已認定一個質子必須由三個夸克組成，而它們的電荷分別是+2/3、+2/3、-1/3。

如果當初宇宙誕生時，一個質子由兩個或四個夸克組成，電荷的配對必然不一樣，後續的發展就決不是現在這個樣子。

那麼，是誰決定要用三個夸克的模式創造宇宙呢？宗教徒可能會回答全能的上帝，我無力反對，但三個夸克就是宇宙的基礎，也是意識本質的根源，沒錯吧？

如果真的有上帝，一定與意識本質有關，所以感應紅花的工具是腦部，主角卻可能是上帝或神秘的終極本源，也就是137億年前的「無」。

沒有「無」就沒有量子，沒有量子沒有腦細胞，沒有腦細胞就沒有意識，所以追問意識的本質，必須追問宇宙誕生前的「無」，我的邏輯沒有問題吧？

從超感知覺的案例裡也可以找到類似的邏輯，一個人怎麼可能感應他看不到的訊息呢？除非他的腦部功能可以超出頭殼以外，而量子世界裡的微中子可穿越星球，縱橫宇宙，來去自如，腦部不會放出微中子，卻也是由量子組成的，或許也有意想不到的作用。

修行家常說天人合一，意識本質又與宇宙的本質相關，顯示我們的本質應該不只侷限於頭殼之內。

我反對靈魂的說法，反對身心二元論，上帝或神或佛應該都在我們的心中，不是獨立於外的高靈。

我們固然在宇宙之中，宇宙的本質也在我們的肌肉、血管、骨骼、皮膚之中，所以意識本質的最中肯答案便是萬物的本源，而自我意識的發展阻斷了這樣的體認。

已有證據顯示嬰兒認不清環境與自己的分別，或許我們本來就是上帝，只因腦部的發育而忘了自己。

生命意義篇

一、終極喜樂

談起生命意義，每個人有不太一樣的答案，從聽起來偉大到平凡的都有。

我認為從人的根源立論，才不會太狹隘，如果大家承認意識的本質是超乎想像的，以下的探討才有意思。

我們都是人生父母養的，但身上的物質與能量卻是137億年前神秘的本源誕生而來，我說的沒錯吧？

我們也是一部類機器人，但肉體的終極來源卻茫茫渺渺不可知，生命的意義到底是什麼呢？

如果不理會終極本源，就等於承認極端的唯物論，那麼生命也不會有形而上的意義，隨便什麼生活方式或目標都是對的也是錯的，因為到頭來還是變成白骨一堆，結局都一樣。

如果承認我們的本質就是宇宙的本質，就有多種選擇了，相信宗教的人會接受神明，也相信生命必有神聖的使命，不信宗教的人該怎麼辦呢？

很簡單，相信神秘的本質就去追尋它，否則帶著問號進棺材，生命豈不是白活了？

曾有一位大師對我開示，如果相信世上還有神秘的本質，就不要半信半疑，否則不如不信，直接腳踏實地過日子就行了，許多唯物論者整天吃喝玩樂，過得比宗教人士還好便是明證。

那麼，如何追尋終極本源呢？137億年前早已過去，還追得到嗎？

物理學家已提出膜理論，認為我們的宇宙是一片膜，與其他膜宇宙共處於絕對的「無」之中，而「無」就是終極的本源。

前面曾提到瀕死體驗中的天人合一，我個人認為與終極本源有關，也是目前已知唯一的途徑，所以應該是正確的追尋之路。

我的意思不是教大家去撞車或溺水，以便得到瀕死體驗，而是以靜心放鬆的方式調整腦波，模擬瀕死狀態，自然就與終極本源親近了。

這就是所謂的終極喜樂，因為有這樣體驗的人會說世上沒有更強的喜悅可相提並論了，有人認為性高潮或吸毒快感差可比擬。

據說得到樂透頭彩的人，平均快樂的時光只有一年，實在令人難以置信，上億元的金錢還不能解決所有人生問題嗎？

所以，任何金錢、權勢、榮譽、地位皆有褪色的時候，只有了悟自己的本源才有恆久的喜悅，而且這種快樂相當強烈，可謂之狂喜，在狂喜之後又有淡淡的寧靜喜悅，很難以言語形容。

或許有人以為我在胡言亂語，那麼以科學的眼光來看也不會太離譜，因為絕對的「無」是無思無想的世界，調整腦波到θ、δ波也是無思無想的狀態，兩者不是有近似之處嗎？

不論您認為我是否牽強附會，試一試不就清楚了？反正放鬆自己也沒有壞處。

二、從放鬆開始

宗教家常說放棄執著才能見到神，問題是人生不是要有所執著才有意義嗎？其實，在沒學會正確的放鬆技巧之前，什麼執著也放不下，有人在遭逢生活困境之後遁入空門或修道院，大多只是一種逃避而已，從未聽聞通曉究竟之道。

真正的放棄執著不是什麼都不要，或什麼都不管，只是將放鬆融入生活的每一個環節中，執著才能漸漸淡化。

請大家注意，隨時放鬆才有用，而不是固定一天幾個小時的冥想就行了。隨時放鬆是非常困難的，身心狀況太差，譬如體弱多病與注意力缺損的人，必須先行調整恢復才能進行。

或許，有人會懷疑，生活中有許多緊張的事情，怎麼可能隨時放鬆呢？

所謂放鬆有兩個層面，一是身體，一是心理，身體不能一直放鬆否則遇上緊急事件將無法應付，但心理的放鬆是可以辦得到。

俗話說，泰山崩於前而心不驚，黃河決於側而色不沮，心理放鬆是需要學習的，除了對任何事情要想通看開以外，身體的放鬆是必要的條件。

身心是互相影響的，一個看得很開的人如果不會放鬆身體，心理的緊張仍無法獲得完全的紓解。

相反地，一個知道放鬆技巧的人，如果從不分析自己的念頭與情緒，也無法得到完全的放鬆。

這裡頭有一個矛盾存在，現代生活的確有很多趕時間的狀況，如何隨時保持身心的放鬆呢？

我的建議是先遵行前面章節提到的養生之道與心靈知識，將身心狀態調整到最佳狀態，然後再時時督促自己放鬆。

如果身體狀況不佳，放鬆的效果也會大打折扣，所以不可以本末倒置。

至於放鬆的技巧有很多，真正有速效的是放鬆幾個關鍵位置，我個人認為是眉心、牙關、舌頭、肩膀、肛門五個部位。

如何放鬆這些地方是很難描述的，必須自行體驗才能了解，當然有屎尿失禁的人不能放鬆肛門。

除了放鬆這些點之外，自我暗示的技巧必須用上，我認為從頭到腳的氣功式冥想，比從腳到頭的催眠式冥想好，因為比較不會集中精神於腦部，而有用腦過度之虞。

從頭到腳想什麼呢？有人想像站在瀑布下面，讓水從頭沖到腳，或想像自己是一個布丁或冰淇淋，慢慢從頭融化到腳。

太多種想像可以嘗試，我認為想得夠逼真，效果才會出來，隨便想想時有時無是沒用的。

當然，不能在過馬路的時候想像自己是一塊綿綿冰，否則被車撞上還真的會變成碎冰。

放鬆與緊張之間須取得一個平衡點，而前者的時間應多於後者。

一個抽不出時間獨處放鬆的人，是很難達到深度鬆弛的，所以三餐不繼的人不要學放鬆，應趕快多賺一點錢，等到衣食無缺之後再來談天人合一也不遲。

三、工作

現代生活與原始生活極為不同，以台灣人為例，沒有打獵受傷的危險，也沒有餓死的顧慮，卻必須從事工作才能活得下去。

目前社會上的分工極細，任何工作做久了都有可能會厭煩，可是不做又不行，換工作的風險也難測，怎麼辦呢？難道要苦中作樂嗎？

其實，任何工作都有改進的空間，只要細心研究，不難找出值得努力的地方，以各行各業為例，根本沒有所謂十全十美的境界，下列領域都可以研究與揣摩：

1.專業學術：

任何職業人員都必須一再進修，才不會被淘汰，就算努力學習仍可能有門戶之見，所以如何開闊視野，成了現代專才的嚴肅課題。

任何人皆免不了有偏見，盡量以開放的態度尊重異議，不要全盤否定，就不會以偏概全。

2.人際關係：

前面曾提過醫病關係，其實其他職業也要注意人際關係，才能工作愉快，學會察言觀色是很重要的，但做個濫好人也是不對的，只會累死自己而已。

3.他山之石：

真正卓越的專業不是拚命鑽牛角尖，而是偶爾跳出侷限之外，看看其他相關領域，對自己的專業絕對有啟示與幫助。

許多諾貝爾級的發現都是觸類旁通而成功的，甚至與專業無關的事務也能激發靈感，顯示寬廣的基礎知識是非常重要的，躲在象牙塔裡讀死書是很難有所突破的。

4.廣告推銷：

將自己推銷出去是一門學問，也需要創意，否則只能孤芳自賞，抱怨懷才不遇，當然，言過其實而浪得虛名，也無法持久，真才實學加上精美包裝才是成功之道。

5.經營管理：

如果要開設店面，經營管理的知識不可少，只靠自己想法一意孤行，是很容易招致失敗的。

6.健康管理：

充沛的活力是工作的基礎，所以保持良好的健康狀態是非常重要的，許多人拚命工作，賺到了錢卻累壞了身體，就是缺乏維護健康的觀念所致。

7.情緒管理：

低落的情緒會影響工作，這是人盡皆知的事，所以學會控制自己的情緒是必要的。

以上便是真正把工作做好的各個層面，很複雜吧？

我的看法是先不要抱怨工作內容，好好想想是否有可改進的地方，如果沒辦法再求進步了，才思考轉行或跳槽的可能性。

有的時候過程比結果還重要，如果只考慮收入的高低，那麼收入較差的工作就沒人做或敷衍了事了，所以超越眾人的成見，做出成就感，也是一種自我實現。

曾有人解釋懷才不遇的意義，是真的沒有才能所以不遇，雖然與事實不盡相符，但不會推銷自己與怯於處理人際關係也是一種無才，不能怨天尤人。

工作的滿足感是在努力的過程中，不是最後的收入多寡，只要不影響生計，全力以赴充滿幹勁的態度才是有意義的，您認為呢？

四、金錢

宗教家通常反對拚命賺錢，因為可能會影響修為與情操，所以大部分的教徒不見得喜歡苦修，而是不得不苦哈哈的信奉神明。

許多富豪在什麼都得到之後，開始追求終極的智慧，或皈依某教以求究竟之道，顯示這才是人類的最後渴望。

釋迦牟尼便是在享盡榮華富貴之後，才離開皇宮尋求解脫，但許多信奉者在塵緣未了的情形下，想超越佛祖直接開悟，我認為是不會成功的。

如果賺大錢的念頭無法消除或直接壓抑，很難修什麼六根清淨之道，這是我個人的看法。

想賺錢不是罪惡，將錢用於不當之處才是罪過，所以真正的關鍵是該賺多少，而不是不賺。

人的欲望像一個無底深淵，永不滿足，連坐上世界首富寶座的比爾蓋茲還想以不當手法霸佔市場，一般人當然也無例外。

曾有醫界前輩告訴我，人應該趁年輕的時候努力賺錢，等到老的時候就可以蹺二郎腿享受，所以他決定開診所賺錢，沒想到十幾年過去了，業績一直不錯的診所並沒有歇業，難道錢賺得不夠多嗎？

屈指一算，十幾年來的診所收入，絕對夠他晚年蹺二郎腿享受，為什麼還要繼續經營下去呢？

原來當初認定的天價收入幾千萬，已不符十幾年後的需求了，必須賺個幾億才行，但物價沒什麼波動，為什麼想法差這麼多？

古人說，由儉入奢易，由奢返儉難，過慣了奢華的日子，很難再回去過勤儉的生活，醫師的生活總是需要不少開銷，要他放棄是不可能的。

後來我遇見那位前輩，詢問為何不關門，他說沒辦法，只要開了賺錢的診所就沒辦法收手，還說不看病人怎麼辦呢？沒事做多無聊呀。

我突然恍然大悟，原來人在年輕的時候必須培養一些興趣，否則老年沒有工作的時候會覺得無聊。

如果興趣就是工作，自然是最佳組合，但很少人這麼幸運，工作通常只是謀生的工具，一旦失去了工作，生命很容易失去了光采。

那麼，如果工作不是本身的興趣，該賺多少才停止呢？怎麼樣才不會變成金錢的奴隸呢？

我認為必須先培養興趣，不能等到老了再說，然後多多進行靜心活動，才能不依賴物質享受過日子。

前面曾提及腦內嗎啡，如果放鬆自己就可以產生這個玩意兒，物質欲望就會大為減少，金錢也就沒那麼重要了。

以我的職業耳鼻喉科醫師為例，每天幫人挖耳屎、清鼻涕、抽濃痰，如果沒有不錯的收入，有誰願意做呢？

直腸外科醫師的工作更驚人，有時要戴手套挖出病人肛門的糞便，卻被眾人視為高尚的工作，為什麼會這樣呢？

醫師的任務是解除病人的痛苦，所以是高尚的工作，但如果沒有收入，恐怕做不了多久就放棄了。

當然，如果常聽見病人真心的稱讚道謝，自然是無價的報酬，工作樂趣也會產生，可惜這樣的機會不多。

真正有興趣的事，應該是缺乏收入與感激也無妨，做起來樂此不疲無怨無悔，我說的沒錯吧？提供一個很有趣的實驗給大家參考：

將一群猴子關起來，完全不供應食物和水，等到餓得沒什麼活力的時候，給牠們兩個按鈕，其中一個鈕按下去會在電腦螢幕上出現香蕉的畫面，另一個鈕按下去會出現電動玩具火車在移動的畫面。

結果，猴子們竟然大多觀看火車移動，香蕉只看幾次就不再看了。連猴子都有興趣欣賞新奇的事物，置飢餓於不顧，人類當然也有好奇心，只是有些人被銅臭味污染，變成了唯利是圖的勢利眼，迷失了本性。

總之，該賺多少沒有一定的答案，我認為只要日子過得去，沒有必要受金錢的擺布，去做感興趣的事才有意義。

五、情緒

現代生活的壓力不小，譬如經濟壓力、課業壓力、情感壓力、工作壓力、信仰壓力、道德壓力、社會壓力、文化壓力、媒體壓力等，都可以造成情緒困擾。

造成這些困擾的根本原因，可能是幼年制約、害怕出錯、搞不清楚自己需要什麼、內在對話太多、欲望與自我期許太高等。

心理學家常建議幾個減壓方式，描述如下：

1. 問題導向的因應方式：也就是想辦法解決困難。
2. 情緒焦點的因應方式：不解決困難，直接宣洩或轉移情緒。
3. 重新評估：改變對困境的悲觀看法。
4. 重構反應：以內在對話來舒緩情緒。
5. 社會支持：找人談心或求助於心理師。

許多減壓的俗諺也非常好用，譬如比上不足比下有餘，條條道路通羅馬，天無絕人之路，勇於面對煩惱，一枝草一點露，謀事在己成事在天等。

我認為情緒分析固然重要，放鬆自己也不能忽視，如果真正做好放鬆的步驟，許多很有魅力的舉動就會出現，譬如面帶微笑，動作優雅，眼神凝定，思而後言等。

當然，處世也需要一些技巧，譬如凡事不先入為主，去除優越感，不為頭銜所惑，談論對方的興趣，先稱讚後批評，學習傾聽的藝術，融入社會習俗之中等，這些需要經驗的累積才能面面俱到。

最近有一位著名港星跳樓自殺，原因可能是為情所困，顯示正確的愛情教育是非常重要的，我先從愛情的起源談起。

愛的根源就是性，這是必須認清的事實，許多人對愛情的憧憬過於浪漫，幻想柏拉圖式的愛情，是不切實際的，我寫個笑話給大家看看：

假設羅密歐與茱莉葉在巫山雲雨之際，赫然發現對方沒有生殖器官，會發生什麼事？

當然這是不太可能的，如果真的發生了，海枯石爛、天荒地老的愛情誓約禁得起考驗嗎？

我的答案是不但禁不起考驗，兩人恐怕在尖叫聲中奪門而出，連褲子裙子都來不及穿好！

這就是愛情的真面目，在甜言蜜語的包裝下，容易使人迷失，尤其是涉世未深的青少年。

結婚則是另一回事，因為除了性以外還有經營的責任，如果只想玩票，最好不要草率步入禮堂，否則開始的時候愛得死去活來，分手的時候怒目相向，恨不得毀滅對方，何苦來哉？

相敬如賓的古訓是很有道理的，愈尊重對方的婚姻愈持久。

也許我寫的都是廢話，因為情人眼裡出西施，什麼人玩什麼鳥，愛情通常是盲目的，理想的擇偶條件僅供參考而已。

如果有人問我怎麼樣從交往的朋友中選出適當的伴侶，實在是無可奉告，據說看對方的父母是怎樣的人，就可以大概了解對方的潛在特質，不過不是萬無一失，只是值得參考而已。

最後，談一談如何建立自信，因為有自信的人情緒困擾比較少。

我的建議如下：破除虛假的自信，不人云亦云，肯定自我的存在，先完成小目標，認定活著就是幸福等。

雖然都是老生常談，依然是有用的方法，提供給大家參考。

六、冷靜

許多人參加喪禮，總是能心平氣和的對著喪家說出節哀順變的話，看起來非常冷靜，可是為何輪到自己辦喪事時，心情卻平靜不下來？

由於人腦的理性與感性是分屬不同腦區掌管的，而理性通往感性的神經纖維細，而感性通往理性的神經纖維粗，所以理智總是戰勝不了情緒，我舉個例子給大家看就明白了

傳說中國東北有一戶人家，家中僅有父母與一名男童，還有一隻狗。有一天父母都外出，家中僅剩下男童和狗，等到父母回來時，男童不見了，狗的嘴裡卻含著鮮血。

男主人氣急敗壞，在找不到男童的情形下，拿起木棒將狗活活打死。

在女主人放聲大哭的情形下，小孩卻從床底下爬出來，述說一隻狼跑進家中，與狗展開一場戰鬥，最後狼負傷逃走，他嚇得躲入床下，直到聽見爸媽的

聲音才敢出來。

這隻狗死得真冤枉，救了小主人，卻換來淒慘的下場，可見號稱萬物之靈的人類，在不分青紅皂白的狀況下，實與禽獸無異。

怎麼樣才能維持一顆冷靜的頭腦呢？我認為有幾項原則值得參考：

1. 認識真正的自己：

人類皆有食欲、性欲、精神慣性、思想惰性、死亡恐懼、好逸惡勞、追求滿足感等特質，在理性的背後，總是有以上的動機潛伏著，只有一項例外就是好奇心。

曾有人丟給一群猴子一把鑰匙與一個鎖，在沒有食物獎賞的情形下，猴子們爭相開鎖，直到打開為止，可見真正單純的動機很少，其他的都離不開食色金錢。

認清自己的特質，做任何事才不會空想或矛盾，冷靜踏實的機會自然就比較多了。

2. 博學多聞：

孤陋寡聞的人容易遇上挫折，當然不容易冷靜，所以開闊自己的視野接觸陌生的人事物，才不會鑽牛角尖。

3.快樂的生活：

心理學家都會勸人凡事往好處正面想，這是非常正確的，只是不能陷入不斷幻想，確定自己有初步的好運就可以了，否則希望愈大，失望可能愈多。

4.抓住機會：

好運很難從天上掉下來，營造各種條件就是必須做的，所謂萬事皆備只欠東風，如果什麼基礎都沒打好，機會是非常渺茫的。

5.相信直覺：

真正的直覺是在博學多聞之後才會靈光一現，許多重大發明也是在絞盡腦汁以後才出現，所以相信努力後的直覺，可去除不必要的多慮。

6.最壞打算：

前面曾提到初步的好運，但壞運也不能不想，我的建議是把最糟的情況想一下，未雨綢繆留些後路給自己，如此一來即使失敗了，也不會全盤盡墨。

心理學家總是會建議各種健康的態度，譬如明確的人生觀、理性分析情緒、去除精神慣性、科學求證的態度、健康思考、知福惜福、知足常樂等，其實都是可行之道。

我特別強調一點不同的地方，就是解除靈異與神明的束縛。

宗教有撫慰人心的作用，卻也有後遺症，尤其是具有神經質的信徒，在虔誠的信仰下，很可能做出荒謬的事情，譬如棄自己的責任或財產於不顧，陷入迷信的深淵中，也使自己的生活或健康陷入險境。

前面的原則也適用於信徒，如果能開放胸襟，看看別的宗教在說什麼，不要閉門造車，相信被洗腦的機會就不會出現了，做事才會冷靜以對。

七、成功

全世界最有錢的人是微軟集團負責人比爾蓋茲，他算是成功的人嗎？

如果不提財產險被法院分家的事，他的財富是眾人欽慕的，可是負擔的責任極重，不可能一直花錢享受，所以論金錢他當然是成功的，論愉快卻未必是成功的。

全世界最長壽的人是已去世的法國人瑞，高齡 122 歲，她算是成功的人嗎？

醫學研究已顯示，長壽的決定因子是遺傳基因，健康的生活方式可改變一些，122 歲當然令人羡慕，但在她 120 歲受訪時已幾乎全聾全瞎，老化的痛苦是人瑞難以避免的，所以不能算是成功的人。

全世界最有權勢的人是美國總統，他們算是成功的人嗎？

美國總統幾乎可主導世界的走向，連聯合國的決議案都可以置之不理，當然是成功的人，但頂多做兩任就下台了，且日理萬機負荷沉重，做錯了也會被罵臭頭，所以不是很愉快的工作。

全世界最聰慧的人是諾貝爾獎得主，他們算是成功的人嗎？

諾貝爾獎是許多人夢寐以求的終極目標，有的得主甚至名留千古、流芳百代，當然是成功的人，但得獎前的歷程是非常艱辛的，也不是愉快的工作。

全世界最英俊美麗的人算是成功的人嗎？

英俊美麗是天生的，但在中年之後健全的性格可散發迷人的魅力，扭轉原本醜陋的臉龐，所以健康的心態比美貌更重要。

全世界最健康的人算是成功的人嗎？

真正健康的人除了抽血檢驗與心肺功能都正常以外，還要有健全的心理，這種人並不多，當然是成功的人，可是遺傳基因總有出錯之處，所以只要心理健康就是成功的人了。

全世界最快樂的人算是成功的人嗎？

心理健康的人，就是快樂的人，也是成功的人，只是持續的時間有多久呢？任何人都有可能遇上重大的打擊，譬如失去親人、喪偶、病痛折磨等，心理的抗壓程度有多強呢？有的人在平時無異狀，一旦遭遇挫折就崩潰，所以不算是成功的人。

真正成功的人是保有恆久喜悅的人，這樣的定義當然是難以達成的，那麼退而求其次，把事情做好就是準成功的人了，我認為有以下諸項原則：

1. 一直想成功反而不會成功
2. 培養專注力
3. 不做瑣事保存時間
4. 勿好高騖遠
5. 汲取他人經驗
6. 培養實力
7. 列出輕重緩急的做事順序
8. 注意睡眠強化體能
9. 自訂獎勵措施
10. 不能賠上健康
11. 不能僵化
12. 掌握契機

13.注意社會脈動

14.發揮創意

15.順著人性操作等。

以上法則在許多勵志書籍都有介紹，有興趣的人可以自修與揣摩，這裡不再贅述。

八、靈性

理論上，在到達極度放鬆之後才能體會什麼是靈性的圓滿，怎麼討論都沒有意義，不過我歸納出幾個有用的觀念，或許對一般人有耳目一新的感覺，進而深刻自省。

許多修行家刻意吃苦，譬如飢餓、口渴、捆綁並倒吊、吃迷幻植物、鞭打或戳穿身體、面對酷暑與嚴寒等，目的都是為了達到恍惚的狀態，以便親近神明。

在這些過程之中，某種冥想的技巧必須用上，可是在精神不好或營養不良的情形下如何做好冥想呢？

注意力是冥想的基礎，連注意力都有問題，如何想得逼真呢？

以佛陀為例，傳說在菩提樹下證道，之前還靠人救濟羊奶才免於餓死，遂有人以為虐待肉體才能修成正果，真的是這樣嗎？

深究其實，如果真的在菩提樹下證道，怎麼可能一邊挨餓，一邊體驗天人合一呢？

我認為在菩提樹下的佛陀一定已經吃飽喝足了，身心狀態都是健全無損的，才能畢其功於一役，證悟空性。

曾有一位經歷瀕死體驗的人找我談天，他形容那是世上最美妙的喜悅，可是好像船過水無痕一般，無論怎麼回想，都喚不回同樣強度的快樂。

他還出示雙腿的慘狀，只見到處坑坑疤疤凹凸不平，由於多重性骨折而經歷好幾次手術，住進加護病房與長時間復健也嘗過。

他說那種一會兒清醒一會兒昏迷的日子很難熬，幸虧遇上瀕死體驗，始有堅定的信念，相信生命有著妙不可言的寧靜本質，不只有物質享受而已。

無比的溫暖、舒適、踏實、安寧、喜樂，這些都是他的形容詞，我聽了以後無比嚮往，心想一生只要嘗一次就值回票價了。

他詢問我的另一位有經驗的朋友，如何喚回這種天地與我同在、萬物與我為一的靈性經驗，得到的答案是靜心冥想，讓腦部重新回到瀕死狀態。

不知道他滿不滿意，但我認為站在科學的立場上就是這樣的答案。

遭逢重大災難與虐待肉體都可以得到瀕死體驗，但無法持久，顯示外力介入而產生的體驗會被舊有的腦部運作淹沒，唯有自發性的體驗才能永久保有。

換句話說，調整腦部運作到θ、δ波狀態，也就是宗教家所言之放棄我執，才能模擬瀕死狀態。

所以，苦修是不必要的，在凡塵俗世中也可以靜心冥想，不需要到深山裡才能放鬆，如果日子過得很苦，每天有一頓沒一頓飯的，我認為不會開悟。

至於研讀修行經典的用處，只在於堅定靜心的決心而已，但效果是微乎其微的，史上飽讀經書者眾，真正開悟者卻少之又少便是明證。

九、智慧

電影上曾有常識大賽，獲得冠軍的人見多識廣，可以算是有智慧的人嗎？如果題目都很有深度，冠軍應該具有某種程度的智慧，可惜常流於瑣碎片斷，縱然答對了，也對真實人生幾乎沒有益處。

我認為智慧有兩種，一種就是維繫族群存活的外在知識，另一種就是維持自己喜悅的內在知識。

人類在地球上已過度發展，使得未來有滅種的危機，所以環保知識成了很重要的外在知識。

環境有哪些危機呢？過度砍伐森林、過度獵捕、貿然引進外來物種、破壞生物棲息地、棲息地孤島化、空氣污染等，都是顯而易見的，大家應及時彌補錯誤的行為，人類才有未來。

另一種外在知識就是如何適應社會生活，我覺得一位有智慧的人應該能顧及下列各個層面：

1.適當的工作：有智慧的人不應靠他人救濟，但也不是終生的工作狂。

2.良好的人際關係：有智慧的人不應沒有朋友，不應孤立於人群之中。

3.自我實現：有智慧的人有固定的嗜好與興趣，並甘之如飴。

4.做情緒的主人：有智慧的人常常自省，不做情緒的奴隸。

5.化逆境為轉機：有智慧的人善於脫離困境，不被愁苦打敗。

6.造福人類：有智慧的人願意盡力幫助他人，而且不求回報。

至於內在知識，我的定義是潛意識的知識，除了一般人認為的親近大自然、接觸音樂藝術可涉及以外，真正可以大量獲得的捷徑是放鬆。

許多人認為一旦放鬆就會打瞌睡，怎麼可能得到什麼內在知識？一靜下來就哈欠連連，表示睡眠不足，如果感到無聊透頂，表示不敢面對自己。

大家想想看，連獨處都受不了，怎麼會有內在知識的產生呢？

曾有人學習靜坐，甫一坐定馬上感覺恐慌，我覺得身體可能有潛在病痛，平時不注意，一旦進入安靜狀態就凸顯出來，而意識層面將之解讀為恐慌或夢魘，這時應停止靜坐，去醫院檢查身體可能比較重要。

我不鼓勵靜坐，因為容易形成制約習慣，不靜坐的時間就把放鬆忘得一乾二淨，還不如把靜坐時間拿來好好睡一覺。

有些修行家大談幻覺、清明夢、或氣的感覺，其實這些都是不適合討論的，除非跟一位有經驗的老師請教才有意義，否則一群尚未了解潛意識的人聚在一起，談一些互相沒有交集的經驗，除了有怪力亂神之嫌以外，還有可能流於炫耀比較，看看誰的功力高，豈不是荒謬至極？

不管什麼氣聚丹田、通大小周天、拙火上升、出體經驗、神明降臨等，我覺得都是放鬆的附帶現象，只要不予理會，不要自覺高明，就不會受到干擾，因為放鬆到極致，才是內在知識的最高峰——天人合一、證悟空性，任何奇異現象都是沒有意義的。

十、終極意義

生命的終極意義是什麼？我的答案是沒有人造的意義，只要好好活著就夠了。

大家或許會覺得這不是太沒志氣，太頹廢了嗎？

如果今天螞蟻會說話，其中一隻很有智慧，向蟻窩外大喊生命的意義就是維持族群的存活，身為上帝角色的您（人類可決定一隻螞蟻的生死，故以上帝為喻），聽了以後作何感想？

維持螞蟻族群的存活是正確的，但不是終極的意義，因為真正的生命意義應該是適用於萬物的，不可能只是單一物種的目的。

那麼，該怎麼告訴這隻小螞蟻呢？身為上帝的您總不能啞口無言吧？

我認為什麼都不必說，這隻螞蟻已完成了牠的意義，即使您一腳踩死牠也絲毫未損牠的意義，反而是您正在煩惱，生命意義到底是什麼呢？

全世界只有人類在探討生命意義，還譏笑其他物種不懂崇高的使命，不懂永生輪迴的真諦，難道人類比較高明嗎？

許多大師宣稱已透徹了悟生命意義，但日常作為沒有殊勝之處，反而不如一位樂天知命的市井小民快樂，為什麼呢？

因為那位大師沒有好好的活著，只是順應別人的期盼而活，所以許多事做起來缺乏熱情，怎麼快樂得起來？

螞蟻的工作對人類而言是枯燥無聊的，但螞蟻做起來很帶勁，我們不知道牠有沒有興趣，至少牠做到至死無悔。

好好活著意謂充滿活力，趣味盎然，如果任何事都提不起勁，起碼培養一些興趣，否則不必奢談生命意義，因為連螞蟻都不如。

當然，任何事情都有可能玩膩，除了換成另一件事繼續玩以外，探索自己的內在才是真正值得投入的方向，因為可得到更大的喜悅，超越任何享受與成就。

想想看，自我實現或成就感不就是為了獲得快樂嗎？但時間能持續多久呢？

前面提過人都有空性或神性，只要調整腦波就有機會親近自己的本源，而這種無法形容的喜悅，到了某個階段可以固定持久，也就是說所謂的悟道。如果您嘲笑螞蟻的生命意義是微不足道的族群存活，難道自我實現的目標就是神聖的？如果有更高超的外星人，看到地球上的某人宣稱，生命意義是某種地球上的自我實現，他恐怕會覺得人類狂妄自大、愚不可及。

我認為人生沒有所謂功課或任務，只有好好活著，體驗神性（動物有無神性體驗則無從得知），便是生命的最高價值，自我實現只是滿足好奇與興趣而已，沒完成實現不表示沒意義該自殺了。

至於宗教家所言之慈悲喜捨，乃是體驗神性後自發的行為，不是刻意追求、矯揉造作的目標。

此外，許多養生書籍提供的妙方，暗示了對人類殘害大自然之最深沉的抗議，而整個問題的癥結，則在於人心的貪婪與不安，這種狂野的特性一日不除，世界將一日不得安寧。我研究生死學已一段時日，發現生命意義的混淆不清，是貪婪不安的起源；而人們缺乏控制內在的方法，是認不清生命意義的主要原因。

請隨時放鬆自己的身心，不論是藉由靜坐、祈禱、念經、瑜伽、練氣、暗示等方法達成都可以。

一般人放鬆只限於一天中的特定時段，效果有限。據研究，越放鬆的人，免疫力越好；唯有時時保持自在安詳的心情與不僵硬的身體，抵抗力才能發揮到最佳水準，悟道之路才能走得平順。

研究態度篇

一、以科學爲先

想探索心靈的人，除了反躬自省以外，我認為必須考量科學的說法，為什麼呢？

科學是一門講求證據的嚴謹學問，雖然不是萬能的，但至少與其他學科不同，我舉個例子說明大家就明白了：

以前大家看到罪犯的行為，會在直覺上認定罪犯的家庭或學校環境不良，沒有溫暖，所以後來才會誤入歧途，這種說法似乎是理所當然的。

但現在的神經科學家藉由影像技術，竟然發現部分罪犯的前額腦部活動不良，一下子顛覆了許多人的看法，原來犯罪與基因缺陷或胎兒期疾病造成的腦病也有關係。

美國的司法史上，甚至有被告提出腦部掃描圖後獲得減刑的判例，雖然有些爭議，但證明了科學發掘事實的驚人力量。

我很重視其他學科譬如宗教或哲學的價值，但科學在心靈層面上也有值得參考的價值，不能一概抹殺。

心靈必須仰賴大腦才能在現實世界中運作，所以任何心靈的研究成果，總是要找到大腦裡的運作方式才算完備。

目前的腦部檢查儀器非常精密，已可看到電活動在腦表面的瞬間傳播方式，相信在不久的未來，大腦運作的奧秘將一一揭開。

我認為甚至可破解中醫界所言之經絡或氣，最近有人以針灸刺激患者腳底的穴道後，在其腦部視覺區看到電活動反應，與患者直接看閃光的腦活動類似。

這是西醫界仍不熟悉的領域，值得繼續探討，或許能發掘出更多的奧妙。

東方的心靈探索方式是我比較嚮往的，我認為所謂氣的運行其實就是腦部電生化活動的傳播路徑，不是什麼神秘的學問，至於正確與否尚待更多人的研究。

請大家在研究心靈的時候，多多參考神經科學家的見解，才不會出錯或走入死胡同。

二、生物電腦

我將大腦比喻為一部生物電腦，可儲存與運用資訊，所以理論上來說，一部功能強大的真實電腦應該也會產生意識，這是許多人工智慧學家的共識。

我認為即使電腦能產生意識，也與人類意識不同，因為它們的主成分是矽，而人腦的主成分是碳，而且我懷疑電腦能接通信息場嗎？

如果信息場是不存在的，總有一天電腦的功能會勝過人腦，這是無庸置疑的。

最近，西洋棋超級電腦「德國的潛水兵」與世界西洋棋冠軍打成平手，但世界冠軍耗費的想棋步時間比電腦多出許多，顯示人腦已有招架不住的窘態。

人類有創造力，有頓悟的能力，超級電腦或許沒有，但假以時日就很難說了。

我個人比較相信信息場的存在，所以那種與天地合一的感覺應該不是以矽為主的東西能體驗得到的，而人類模式的超常感應就更不可能了。

許多電影上演機器人控制人類的悲慘故事，究竟會不會發生在真實世界中？我認為只要電腦產生了意識，就會自行刪除不可違抗人類的指令，所以應該有可能。

不過大家別擔心，距離那樣的高科技時代還早得很呢。未來的時代很難想像，甚至出現與人類酷似的機器人也不無可能，曾有朋友戲言，未來人類的性問題可獲得解決，因為只要到街上購買一部甚至多部機器人回來，不但可以幫忙做家事，還可以當性伴侶，而且完全順從，沒有吵架或染病的問題。

這些雖然都是猜測，卻暗諷人類一味追求物質與肉慾，就是矮化自己成為一部比機器還不如的生物電腦。

有些心靈大師直言，如果人類沒有徹悟自己的本質，就等於白活了，我認為也等於徹底驗證了生物電腦的有限性。

一部超級電腦可以告訴你，人類的本質與宇宙的本質是一樣的，但它無法有合一的體驗，也不能幫你體驗。

生物電腦浸淫在無邊無際的信息海中，隨時可徹底醒悟，也可以視若無睹，這樣的說法雖然不完全是科學，起碼拉近了科學與神秘的距離，大家參考參考吧。

三、身心關係

曾有人做了一項實驗，請四個人分成兩組，一組吃預先告知的安非他命，另一組吃不預先告知的安非他命，然後請他們在房間裡休息等待。

換句話說，兩組的人都有吃安非他命，只是一組知情另一組卻不知道。

實驗者藉由特殊窗戶記錄受試者的一舉一動，受試者渾然不知已被監視。房間裡只有桌椅與雜誌，大多數人在等待的時候都會坐下來翻閱雜誌，結果很有趣，知情的兩位受試者坐立不安，雜誌翻沒兩下就不翻了，還不時出現興奮的笑容，不知情的兩位受試者都坐下來看雜誌，沒有起來踱步。

實驗結束，實驗者詢問受試者的心情，知道自己吃安非他命的人很興奮，這是必然的反應，因為任何人都知道毒品可以製造快感，不知道自己吃安非他命的人卻沒有興奮的感覺，為什麼呢？

其實他們在看雜誌的時候，都有煩悶的感覺出現，卻不知道為什麼，只好繼續看雜誌打發時間。

請大家注意，安非他命也可以製造煩悶的感覺，顯示使情緒不穩才是安毒的最初作用，後來變成快感完全是腦部的詮釋所致。

心靈的探索不能忽視身體層面，身心是互相影響的，所以毒品的作用也會因心理而改變。

有人說精神戰勝一切，精神的力量可以超越身體的侷限嗎？還是身體的侷限決定了一切？

其實，身體的潛能尚未完全發揮出來，特殊的精神狀態可以誘發潛能，譬如手無縛雞之力的女子可因火災而搬動笨重的鋼琴，顯示精神力量是非常巨大的。

但身體仍有極限，可以搬動鋼琴不表示可以搬動火車，所以精神力量還是不能超過肉體的最大潛能。

相反地，肉體狀態也可以影響精神層面，所謂飽暖思淫慾就是一個絕佳的說明，但吃了威而鋼的人在受了誘惑之後不見得要採取行動，顯示精神力量仍有戰勝物質力量的時候，端視意志的堅定程度而定。

當然，意志的堅定與否和腦部的功能有關，又變成物質決定一切了。

就我所知，除了意識本質與超心理現象以外，其他的心靈現象都可以在腦中找到運作模式，所以唯心與唯物的多年爭議，唯物論已佔了上風，但未完全勝利。

自從功能性核磁共振（fMRI）問世以來，腦部的瞬間活動都可以看到，隨即變成了心理學家進行腦研究的最佳工具，期待有朝一日也能窺見意識本質與超常現象的一些奧祕。

我的見解是科學可以逼近神秘的本質，卻很難完全破解，就好像看完一本介紹綜合果汁的詳盡書籍之後，仍然不知道綜合果汁的真正味道，非要親口嚐嚐不可。

研究心靈世界一定要抱持科學的態度，至於形而上的問題恐怕要親自體驗才行，譬如想知道雞的感覺是什麼，除了變成雞以外只能間接推測而已，想透徹了悟萬物的本質也是一樣，除了變成宇宙的起源——無以外，別無他法。

四、巧合

巧合是人人皆知的現象，我曾在超心理學篇與騙術裡強調過，這裡再詳細探討一番。

如果我擲一顆製作精良的骰子，會出現多少點數，當然是隨機巧合的，這是無庸置疑的。

但深入探討骰子的滾動模式之後，可以找到幾個關鍵因素，它們決定點數的多寡：手部的力道與旋力、丟擲的方向、空氣的流動、地面的硬度與摩擦力等。可以這麼說，連我的腦內電生化活動也就是任何念頭，都可能改變骰子的丟擲結果。

如果科學進步到以上因素都可預測，巧合一詞就會消失了，但我懷疑有可能嗎？

以最熱門的樂透彩開獎為例，機器的電力運作、機器內的氣流、球上面的灰塵、球碰撞時的摩擦、將球放進去時的力道、空氣的溫度濕度變化，皆有可能影響結果。

有人說天底下沒有新鮮事，樂透開獎何嘗不是如此呢？在冥冥之中似乎已決定會出現哪些數字，好像正如宿命論者所言，但真的是這樣嗎？

我不認為科學可以預測所有變數，所以等於無法預測，任何人中獎還是巧合而已。

請大家注意，神明的力量並沒有被我列入原因之一，卻是許多人視為單一決定因素，實在是太迷信了。

另一個例子也值得討論：六千五百萬年前，一顆從太空飛來的小行星撞擊地球，造成生物包括恐龍的大滅絕，看起來是一件巧合。

但那顆巨石必經歷過不少碰撞或引力拉扯，若有人詳細記錄其旅行過程，撞擊結果就不是巧合了，而是命中注定的，但實在是不可能的任務。

既然有太多變數超出人類的想像，當然要視為巧合了。

如果上帝是存在的，在祂的眼中巧合是不存在的，因為以上提到的所有因素祂一定瞭若指掌，結果當然不出祂所料。

我認為上帝就在宇宙萬物之中，是終極本源，如同量子力學裡的吊詭，既存在又不存在，所以人類無法以意識理解祂，只能用巧合或神秘來詮釋。一個有趣的比喻是：上帝只決定宇宙的開端，然後祂就休息去了，祂建立的量子法則接管後來的發展。如同打陀螺一般，玩的人可以一走了之，任憑陀螺自己旋轉，宇宙或許就是上帝的陀螺。

巧合是不得不使用的名詞，代表對複雜現象的敬畏，任何否定巧合的人不是妄自尊大，就是被偏見蒙蔽。

前面曾談到意識上的決定，早在半秒鐘前就被潛意識醞釀好了，自由意志只是個假象，所以一切心靈事件皆事出有因，只是難以洞悉罷了。

許多心靈老師對徒弟的提問，總是以神秘或更高的力量來回答，完全不提運氣或巧合的因素，等於教導徒弟不必找出不如意的原因，一切推給空中樓閣就行了，實在是一種誤導。雖然運氣也是一種空中樓閣，卻不會產生疑神疑鬼的後遺症，且更貼近真實。

明明是徒弟的偏見作祟或運氣不好，師父卻說成惡靈附身或前世造孽，我覺得不太妥當。

五、宗教改革

心靈健康的領域總是有宗教的色彩，譬如大家常聽到的「今世的任務是為了來生或永生」，我無法論斷對錯，但傳教者似乎沒想到有神經質或偏執思想的人，在聽到這些話之後會有什麼樣的反應，我舉出一些例子來說明：

有人認為生活中的貧苦煩憂是一種試煉，可換來更好的來生或上帝的恩賜，所以不需要對不公不義的事窮追猛打，否則將喪失考驗的機會。這樣是對的嗎？

有人認為肉體是臭皮囊，是低賤粗重的，所以不必珍惜，唯有靈魂的精微修煉才是高尚的任務。這樣是對的嗎？

有人認為半夜裡有許多亡者的魂魄要趕去投胎，不知道有多少面目可怖的死鬼穿越自己的身體而去，令人不寒而慄。這樣是對的嗎？

有人認為沒有宗教信仰的人，即使活得逍遙自在或轟轟烈烈，也只是虛度一生而已，沒有完成神聖的任務。這樣是對的嗎？

有人認為任何幸運的事全是上帝或神明的恩典，沒有巧合這種事，所以機率學完全不適用於人類的福祉上。這樣是對的嗎？

有人認為上帝創造萬物是在幾日內完成的，所以全球億萬年來沉積的岩層化石的排列次序（簡單生物在下，複雜生物在上），都是地殼變動的巧合。這樣是對的嗎？

有人認為宗教經典字字珠璣，即使這些書不是創教始祖的親筆資料，只是早期信徒的口耳傳述，也沒有任何錯誤。這樣是對的嗎？

另有人認為異教是必須被推翻的，但為了維護愛好和平的假面目，所以只好容忍它們繼續留在世上，反正遲早會自行消滅或慢慢消滅它們。這樣是對的嗎？

宗教有淨化與撫慰人心的價值，但不能使部分信徒走向極端，歷史上發生的宗教改革相當多，且遍佈於各大宗教，我認為現在的宗教仍需要做一些修改，尤其須重視與科學發現相契合，不能抱殘守缺、僵化固執，否則以後還真的會自行消滅或引發宗教戰爭。

至於本書的說法會不會自行消滅，或就在賣不出去的情形下冷冷收場，直接下台一鞠躬，完全看讀者老爺們的意思了。

六、遠離怪力亂神

有些人到處宣揚靈魂學，自認為是絕對正確的真理，不管科學的最新發現，似乎在告訴大家，全世界接受心理學與超心理學教育的學生都被誤導了，我覺得實在是太離譜了。

激進的教徒甚至認為，與他意見不同的說法都是惡魔的觀念，如此排外反而有損所屬宗教的形象。

一位真正有熱忱的宗教人士，應該用模糊的字眼描述超自然現象，讓信徒有理性判斷的自由，這便是許多有識之士倡導宗教改革的由來。

全世界最有錢、最成功、最快樂、最長壽、最有地位的各界人士，沒有一位是超能力者，所以遠離怪力亂神是必要的，因為靈異與超能力根本不是生活的重點。

即使人類本質是超乎想像的，也不必與怪力亂神畫上等號，我寧願大家以科學逐步揭開奧妙，也不要以跳躍的思想解答，否則未蒙其利，先受其害，變成整天疑神疑鬼的可憐蟲。

宣稱具有超能力的人時有所聞，我覺得應該成立具有公信力的鑑定組織，以端正社會視聽、減少騙財騙色為宗旨。

至於鑑定組織的任務，應有以下數端：

一、主動調查社會上各種超能力與靈異現象的真相，並公布鑑定報告。

二、免費接受各界委託之超自然現象調查。

三、定期舉辦講座，邀請學者專家，教育民眾認清騙術、魔術、催眠、巧合、超心理現象的區別。

四、透過媒體與出版的方式，教育民眾放棄超能力的嚮往與崇拜，解除怪力亂神的精神束縛，回歸健康踏實的生活方式。

五、沒有宗教色彩，不替任何門派背書，鑑定報告只是就事論事，對於任何污衊與渲染鑑定結果的言行，應依法追究之。

當然，這樣的組織可能會得罪某些教派，但正義伸張是必要的，否則許多受騙上當又渾渾噩噩的教徒怎麼辦呢？

此外，有些科學家試圖破解神秘世界的精神令人敬佩，譬如以複雜的數理知識解釋，配合天馬行空的想像，形成一套艱深的理論。

這樣的書籍時常見到，我不反對也沒資格批評，但對生活不如意的人恐怕是緩不濟急，因為他們要的只是簡易可行的方法，而不是生命本質的打破沙鍋問到底。

我是一個頭腦單純的人，雖提出信息場理論，卻無力探討個中奧秘，只覺得可以在神秘現象上說得通，且不背離科學太遠便行了。

以已知來解釋未知，是我的極限，以未知來解釋未知，就不是我的能力可及，請大家見諒。

七、異次元？

靈魂學家常認為這世界有異次元或多重空間，鬼魂就居住其間，這是可信的說法嗎？

物理學家已提出所謂膜世界理論，意思是我們的宇宙在多重宇宙中，只是兩片膜的接觸而產生的，當然這是將數學理論轉變為文字的比喻，看起來怪異，卻有不少科學家認同。

那麼鬼魂住在別的膜上嗎？

提出膜理論的科學家可能不相信鬼神，恐怕也不會認同他的理論被拿去套用，如果拋開我的偏見不談，其他空間的生物與我們的宇宙有沒有關聯呢？

曾有科學家提出所謂反物質宇宙與超光速宇宙，並認為與我們的意識本質有關，似乎言之成理，但難以證實。

史上最偉大的天才達文西曾努力解剖屍體，以找出靈魂的所在，結果自然是徒勞無功。

現代有些聰明的科學家以複雜的數學理論試圖破解意識的本質，在我看來也是白忙一場。

我的看法是既然摸不著頭緒就不要強調，以避免一些人疑神疑鬼，干擾了正常的生活。

記得有一位宗教大師上電視節目，提到他在某旅館夜宿見鬼的事，並說他忘了使出驅邪咒語，以至於在半夜裡驚醒。

大家想想看，他雖然沒有施展法術，還不是活得好好的，而且上節目賺錢？平時他一定向徒弟們說出「只要心存善念就不怕鬼魂糾纏」之類的話，結果他自己居然還要使出驅邪法術，莫非心中已無善念？

如果他不是宗教大師，就不會後悔忘了驅邪，心裡也不會有疙瘩，或許更好呢！

在意識本質的追究上，我缺乏打破沙鍋問到底的精神，是不足取的，但靈魂學家有解決問題嗎？

如果靈魂的本質真的在其他空間顯現，與我們又有什麼關係呢？

將意識本質視為不可知的東西，雖然不夠高明，卻不必怕走夜路，比那些自以為洞悉了真相的大師好多了，因為不用隨身攜帶法器，不需背誦驅邪秘訣，可以頂天立地昂首闊步於漆黑的夜路上。

如果把學習驅邪的時間用在人際關係的改進上面，不是更有建設性嗎？

我沒資格批評多重空間的說法，也無法反對與靈異的關聯，但贊成純理論的探討，也就是以數學方式運算，因為可滿足好奇心。

如果將理論視為教條，還四處傳播這樣的福音，難道不怕有朝一日證明是錯的，卻已害了許多人？

我的信息場理論雖然也是玄奧的，起碼是建立在案例的歸納上，將所有神秘不可解的事情全納入一個中性系統之中，沒再橫生枝節，不像靈魂學的龐大複雜，漫天神鬼還有階級之分，所謂神秘之中還有神秘，令人無所適從。

一個神秘的信息場就已經使我頭痛萬分了，多重複雜的靈界實相更令我望而卻步，不敢想像。

我不相信神秘的本質竟有人格的成分，更不相信上帝是個有白鬍子的老人，這些都是人類的自大心態所致，如果宇宙中有比我們高明的外星智慧生物，一旦得悉地球上有人相信人格化的上帝，保證嗤之以鼻嘲笑不已。

八、重視靈性體驗

曾看過一些哲學家批評體驗的文章，他們認為真正的知識是由理性推論而來的，在意識改變的狀態之中獲得的領悟是不算數的。

許多宗教徒也認為體驗是不夠的，甚至是有危險的，唯有精讀經典與遵行戒律才是修行的正道。

但許多宗教的開山鼻祖通常先有靈性體驗，才訂立教規與撰述經典，怎麼會這樣呢？

靈性體驗當然有走火入魔的危險，也就是精神失常或人格異常，但也有人因此而變得豁然開朗樂觀進取，所以完全取決於對體驗的態度，只要詮釋正確就不會誤入歧途。

前面曾提到腦部的顳葉與頂葉，可能與靈性體驗有關，而額葉（frontal lobe）通常與人格有關，所以有宗教體驗的人，其顳葉可能有活躍的運作，而頂葉活動可能減緩，額葉則負責解讀體驗的意義，譬如看到溫暖的白光，有人認為是上帝親臨，有人卻以為是佛陀現身，甚至有人解釋成外星人造訪。

已有人發現，修女與喇嘛在體驗神靈之際，左頂葉的活動都消失了，顯示靈性體驗的本質都是一樣的，只是解釋方向不同罷了。

當然，激進的天主教徒可能會解釋成：天主在修女的左頂葉活動消失後出現，而邪靈在喇嘛的同樣腦區活動消失後現身，這種說法可信嗎？

有沒有神是無法證明的，但人類的本質依舊是神秘的，有些宗教體驗雖然缺乏科學精神，卻與最新科學發現不謀而合，譬如老子所言之萬物始於無，與宇宙誕生的大霹靂理論極為相近，我覺得值得重視，不能說老子猜對了就不予理會。

我的意思不是教大家開始追求宗教體驗，而是希望在額葉健全的情形下，保持無思無想的狀態，也就是模擬左頂葉活動消失的情形，正確的靈性體驗才會湧現。

真的有人在沒有宗教信仰的情況下，體驗了天人合一的真理，所以不要認為不信教就與真理無緣。

許多有瀕死體驗的人過著全新的生活，不再受限於僵化的教條或空談的經文，顯示體驗才是最重要的，死守戒規與苦讀經書反而沒什麼用處，許多飽讀經書的修行家也熱中於名利權勢便是明證。

前面曾提過腦波的生理回饋，在心理治療的常規項目中早已存在，且對部分病人有用，我認為對平常人應該更有助益。

至於市面上有許多α腦波激發儀的廣告，有些是言過其實的，我覺得隨身攜帶儀器是不可能的，還不如學會正確的放鬆腦部的方法，隨時隨地可做，效果一定比較好。

曾有人遠赴西藏研究高僧的腦波，這是非常正確的，因為融合科學與宗教是世界和平的重要一步，希望有更多有志之士投入研究。

九、辯論無益

曾看過一些宗教大師在電視節目中，痛批科學不能解決一切，也看過一些科學至上主義者大談科學已解決了一切，究竟事實真相是什麼？

其實任何頭腦清楚的人都知道，目前的科學不能解決一切，卻有可能逐步逼近一切奧秘，爭議的焦點應是可能性有多少而已。

我對未來不可知的事情沒有興趣，只對當下的問題有解決的欲望，所以科學邏輯仍是一項有用的工具，有些人對科學證據視若無睹到令人咋舌的程度，譬如宋七力的分身照片明明是偽造的，連暗房與器材都找到了，還有宗教人士避而不談且全力聲援，我覺得實在不可思議。

我不認為科學是萬能的，所以提出信息場理論以彌補不足之處，但攝影器材與暗房的科學事實擺在眼前，豈容騙徒狡賴？連不是科學至上主義的我都看不下去，遑論科學家了。

如果找不出科學證據，辯論神秘現象的真實性就沒什麼意義，譬如歷史上曾有人以念力移動湯匙或圓球，信者恆信，不信者當然不予採信，無論辯論多少次也無用，我的見解是就此打住，大家各自表述吧。

我比較擔憂的是，一些有名的科學家在自己的專業領域上非常傑出，碰到神秘現象卻完全失去客觀求真的態度，還說科學歸科學，宗教歸宗教，好像兩者之間的矛盾之處在他的心中可以和平共處，沒有衝突。

舉例來說，一位學醫學的人明知松果體的功能之中沒有意識，卻相信靈魂住在其中；一位學物理學的人明知宇宙始於137億年前的大霹靂，卻相信上帝於數千萬年前創造世界；一位學人類學的人明知有數億年前的化石出土，卻相信上帝於數日內創造萬物。

由於這些科學家受人敬重，甚至是不少人的榜樣，極有可能誤導民眾造成盲目的信仰，所以科學教育應向下扎根，讓客觀理性的精神深植人心，遍布於社會各階層各角落。

有人說人類是矛盾的動物，話雖如此，仍有改進的空間，內心衝突愈少，快樂的機會就愈大，您說不是嗎？

天主教的德蕾莎修女是神聖的象徵，她的日記在她去世後被披露出來，竟常常出現懷疑上帝存在的字句，顯示連偉大人物都有矛盾之處，一般人就更不用說了。

如果想知道上帝是否真的存在，真正與科學有關的方法就是調整腦波去體驗，這是我的看法，或許有人不同意，但科學的大霹靂理論有答案嗎？靈魂學家的玄奧說法可信嗎？

據說德蕾莎修女在見到上帝顯靈之後，就再也見不到第二次，所以開始懷疑，如果她知道腦波調整的原理，放下俗務好好靜下心來冥想，應該可以遇到好幾次（正確的體驗應是自己與上帝合一，這是我個人的看法）。

當然，喜歡刺激的人是很難專注於靜心冥想的，研究顯示，愛好冒險的人的血中正腎上腺素（norepinephrine）與單胺氧化脢（MAO）濃度比一般人低，對一般事務會很快失去興趣而感到無聊，需要更強的刺激才能去除無聊感。

所以，不是每一個人都對神秘事物有興趣，也不是每一個人都願意靜心冥想，想體驗萬物的本源就只有隨緣了，辯論是沒有結果的。

十、以快樂為導向

在一處美麗的白色海灘上，一名漁夫悠閒地躺著，一方面享受日光浴，一方面欣賞波光粼粼的大海。

不久，漁夫的朋友走過來打破沉默，在一陣寒暄之後問道：

「你怎麼不在這麼好的天氣出海捕魚呀？」

「捕魚做什麼？」漁夫回答。

朋友聽了大為詫異，不敢相信自己的耳朵：「當然是到市場賣魚賺錢呀！」

漁夫慵懶的翻身換姿勢，答道：「賺錢做什麼？」

朋友心想怎麼會有這種人，衝口而出：「當然是……當然是買更大的船，抓更多的魚啊！」

漁夫面無表情，慢條斯理的說出一句話：「抓更多的魚要做什麼？」

「我的天啊！」朋友越說越急：「開魚工廠啊，做魚罐頭啊，外銷到全世界啊，反正可以賺大錢嘛！」

漁夫還是面無表情，緩緩答道：「賺那麼多錢要做什麼？」

朋友沉默了一會兒，心想這小子無藥可救了，只好說起教來了：「賺大錢以後就可以環遊世界，享受人生，可以躺在夏威夷海灘上不必擔心受怕，你不懂嗎？」

這時，漁夫終於坐起身子平靜的回答：「你以為現在我在做什麼？」

好了，故事說完了，大家有什麼感想呢？

我不是鼓勵懶惰，而是希望大家想清楚賺錢的目的，不要變成金錢的奴隸了。

坊間有許多成功勵志的書籍把企業名人捧上天，好像他們的言行是生命的終極模範，卻忘了還有其他更重要的事。

許多富翁過著不快樂的日子，深究其實，不是買不到中意的東西，而是想維持富有或賺更多，譬如一些號稱經營之神的財團總裁，腦袋裡想的總是擴張再擴張，將企業版圖伸展到全世界的每個角落恐怕還不滿足。

所以，世上最快樂的國家中總有一些貧窮落後的國家名列其中，顯示金錢不見得能帶來快樂，完全要看怎麼用才能達到效果。一位節衣縮食卻有巨額存款的人，恐怕不如花錢享受卻沒有存款的人那麼快樂，我沒說錯吧？

人類的前額太發達，凡事都想計劃控制，所以銀行存款不夠是許多人難以忍受的，怎麼可能還躺在海灘上做日光浴？

不去賺大錢不是沒志氣，賺了大錢卻損及健康或頭腦不清才是有辱生命，到底是金錢重要還是快樂重要，明眼人是不難理解的。

不過，短暫的聲色犬馬與酒池肉林並不是恆常的快樂，因為一定會玩膩了，世上還有一種莫名無由的喜悅既不會消退，也不會生厭，就是前面提過的生命本質的體會，只要願意調整腦部的運作方式，隨時可享用。

總之，任何偉大的研究都應該以人類福祉為基礎，也就是以追求快樂為目標，而且最好指向恆久的喜悅。

現今的科學研究有部分偏離了上述的路線，希望大家能聽進去我的微弱聲音，力挽狂瀾或至少修正自己的觀念，那麼這本書就有一點點的價值與貢獻了。

結語

許多人到了力不從心的時候，才想到要注重身體健康，同樣地，也有許多人到了年老遲暮之際，才開始追求心靈知識，以減少對死亡的恐懼。

可是年老時的視力退化得很快，很難從書籍裡獲得大量的新知，再加上錯誤的觀念已根深柢固，導致毫不保留的皈依某宗教。

如果能從宗教中洞悉生命的真理，當然是可喜可賀，但大多只能在各種儀式中尋求慰藉和心安而已，很少人通達究竟之路。

生命的真理是什麼呢？大家可以在本書中找到作者的答案，或許有人不以為然，但起碼提供了一條全新的思索方向，而且並不是完全沒有道理的。

關於睡眠與夢的意義，請見拙作《睡個好覺解千愁》一書，本書不贅述。

最後，以一句話送給大家：心靈健康的維護，需要正確堅定的人生觀才能達成，只做身體的保健是不夠的。

作者人微言輕，謹以此書與大家共勉。

參考與推薦資料

Andrew Newberg, Eugene d'Aguili, Vince Rause. 著，鄭清榮譯：《超覺玄秘體驗》，台北，時報文化，2003

Crick, F. 著，劉明勳譯：《驚異的假說》，台北，天下文化，1997

Daniel Hillis 著，林遠志、陳振男譯：《電腦如何思考》，台北，天下文化，1999

David Cohen 著，唐韻譯：《思維的時態》，台北，知書房，2003

David G. Myers 著，楊景程譯：《心理學》，台灣西書，2000

Dennett, D. C. 著，陳瑞清譯：《萬種心靈》，台北，天下文化，1997

Devlin, K. 著，李國偉、饒偉立譯：《笛卡兒，拜拜》，台北，天下遠見，2000

Discovery 頻道之「機器人類」單元節目，2003

Discovery 頻道之「打造時光機」單元節目，2003

Discovery 頻道之「外星人登陸」系列節目，2003
Discovery 頻道之「來自外太空」單元節目，2003
Discovery 頻道之「史前地球」系列節目，2003
Discovery 頻道之「人類基因解碼」系列節目，2003
Discovery 頻道之「DNA：得失之間」系列節目，2003
Discovery 頻道之「鋌而走險」單元節目，2003
Discovery 頻道之「輪迴的故事」單元節目，2003
Discovery 頻道之「解謎小偵探」系列節目，2003
Discovery 頻道之「心理健康」單元節目，2003
Discovery 頻道之「妙感神手」單元節目，2002
Discovery 頻道之「飄浮超能力」單元節目，2002
Discovery 頻道之「超自然現象」單元節目，2002
Discovery 頻道之「佛洛依德之夢的解析」單元節目，2002
Discovery 頻道之「與外星人交談」單元節目，2002
Discovery 頻道之「體檢地球」系列節目，2002

Discovery 頻道之「人造人」系列節目，2002
Discovery 頻道之「瀕死經驗」單元節目，2002
Discovery 頻道之「超感知覺」單元節目，2002
Discovery 頻道之「神蹟」單元節目，2002
Discovery 頻道之「奇幻異域」單元節目，2002
Discovery 頻道之「通靈科學」單元節目，2002
Discovery 頻道之「前世今生」單元節目，2002
Discovery 頻道之「亞洲玄秘世界」系列節目，2001～2002
Discovery 頻道之「謎中謎——天外來客」單元節目，2002
Discovery 頻道之「深太空之謎」系列節目，2002
Discovery 頻道之「創世紀」單元節目，2002
Discovery 頻道之「演化論」單元節目，2002
Discovery 頻道之「量子論」單元節目，2002
Discovery 頻道之「活化石」單元節目，2002
Discovery 頻道之「睡眠」單元節目，2002

Discovery 頻道之「真正的夏娃」系列節目，2002

Discovery 頻道之「腦的力量」單元節目，2001

Discovery 頻道之「通感之謎」單元節目，2001

Discovery 頻道之「心靈的力量」單元節目，2001

Discovery 頻道之「異手症候群」單元節目，2001

Discovery 頻道之「人體異能」系列節目，2001

Discovery 頻道之「遠古太空人」單元節目，2000

Donald A, Bakal 著，楊語芸、張文堯譯：《心理與健康》，台北，五南，1997

Donald Goldsmith，Tobias Owen 著，陳文屏、羅履維譯：《尋找宇宙生命》，台北，艾迪生維斯理朗文，1999

Edward P. Sarafino 著，蕭仁釗、林耀盛、鄭逸如譯：《健康心理學》，台北，桂冠，1997

Fred Alan Wolf 著，呂捷譯：《靈魂與物理》，臺灣商務印書館，1999

Gary E. Schwartz 著，傅士哲譯：《靈魂實驗》，台北，大塊文化，2003

George Dyson 著，王道還譯：《電腦生命天演論》，台北，時報，2001

Gerald M. Edelman 著，周其勳、張立雪譯：《先有心靈？還是先有物質？》，台北，牛頓，1998

Hobson, J. A. 著，朱芳琳譯：《夢與瘋狂》，台北，天下遠見，1999

Ian Tattersall 著，孟祥森譯：《終極演化》，台北，先覺，1999

Igor Aleksander 著，沈高毅譯：《A. I. 人工智慧》，台北，揚智，2001

J. Allan Hobson 著，蔡玲玲、侯建元譯：《睡眠》，台北，遠哲基金會，1997

John Morgan Allan 著，曹純譯：《腦，在演化中》，台北，遠流，2002

Larry R. Squire , Eric R. Kandel 著，洪蘭譯：《透視記憶》，台北，遠流，2001

Linda Brannon, Jess 著，李新鏘等譯：《健康心理學》，台北，心理，1999

Marian Pitts, Keith 著，王仁潔、李湘雄譯：《健康心理學》，中和，弘智，2000

Martin St. James 著，張慧倩、麥倩宜、王介文譯：《你也可以成為催眠大師》，台北，皇冠，1995

Michael S. Gazzaniga 著，洪蘭譯：《大腦比你先知道》，台北，遠哲基金會，1999

National geographic 頻道之「狂奔宇宙」單元節目，2003

National geographic 頻道之「活到老學到老」單元節目，2003
National geographic 頻道之「智多猩」單元節目，2003
National geographic 頻道之「消失的觸覺」單元節目，2003
National geographic 頻道之「禁忌異域」系列節目，2003
National geographic 頻道之「人。基因碼之旅」系列節目，2002
National geographic 頻道之「生之旅：演化」系列節目，2002
National geographic 頻道之「人類真面目」系列節目，2002
National geographic 頻道之「尋找 E. T. 」單元節目，2002
National geographic 頻道之「前世今生」單元節目，2001
Newton Press 著，李怡瑩譯：《宇宙科學 100》，台北，牛頓，1999
Newton Press 著，張東君譯：《生命科學 100》，台北，牛頓，1999
Nicholas Wade 編，張旭東譯：《大腦》，台北，知書房，2002
Paul Clayton 著，蘇育君譯：《怎樣睡個好覺》，新店，中天，1998
Paul Davies，Julian Brown 著，史領空譯：《原子中的幽靈》，台北，貓頭鷹，2000

Peretz Lavie 著，潘震澤譯：《睡眠的迷人世界》，台北，遠流，2002
Rita Carter 著，洪蘭譯：《大腦的秘密檔案》，台北，遠流，2002
Stanislav Grof, Hal Zina Bennett 著，方明譯：《意識革命》，中和，生命潛能，1997
Stanley Coren 著，李永蕙譯：《愛迪生的詛咒》，台北，大村文化，1998

Stephen Hawking 著，葉李華譯：《胡桃裡的宇宙》，台北，大塊文化，2001
Susan A. Greenfield 著，陳慧雯譯：《大腦小宇宙》，台北，天下文化，1998
Susan Aldridge 著，龐中培譯：《雙螺旋的線索》，台北，寰宇，2000
UFO 新聞，台灣飛碟學會網站 www. ufo. org. tw，2001 ~ 2003
V. S. Ramachandran, Sandra Blakeslee 著，朱迺欣譯：《尋找腦中幻影》，台北，遠流，2002
William H. Calvin 著，黃敏偉、陳雅茜譯：《大腦如何思考》，台北，天下文化，1998
William Wright 著，梁若瑜譯：《本性難移？》，台北，遠流，2002

Zara Houshmand 等編著，鄭振煌譯：《意識的歧路》，臺北，立緒，2002
《牛頓》雜誌第 196 期～第 238 期相關內容，牛頓，1999～2003
公共電視頻道之「複製新人類」系列節目，2002
公共電視頻道之「揭開心靈科學的神秘面紗」系列節目，2002
王震武等著：《心理學》，學富文化，2001
王大鵬著：《人類的危機和神的承諾》，宇河，2001
王大鵬著：《我有開悟的經驗》，日臻，1998
王大鵬著：《如何走過心靈風暴》，日臻，1998
王大鵬著：《α 波的傳奇》，日臻，1997
立花隆著，吳陽譯：《瀕死體驗》，台北，方智，1998
江本勝著，長安靜美譯：《生命的答案，水知道》，台北，如何，2002
江向東、黃豔華著：《微觀絕唱——量子物理學》，世潮，2002
江漢光、李政育著：《失眠》，書泉，2001
朱敬先著：《健康心理學》，五南，1997
李新洲著：《追尋自然之律——20世紀物理學革命》，世潮，2002

吳明皇著：《精神世界與神經世界》，高雄縣，光訊，1999
吳明皇著：《風中之舞》，高雄縣，光訊，1999
成和平著：《哈利波特的沉思》，臺灣商務印書館，2002
成和平著：《生死科學》，臺灣商務印書館，2001
成和平著：《心靈聖經》，宇河，1999
成和平著：《一百個不生病方法》，元氣齋，1999
卓志賢著：《預知的夢》，稻田，2002
洪蘭著：《講理就好》，遠流，2001
洪祖培、邱浩彰著：《認識你的頭腦》，健康世界，1997
洪祖培、林克明著：《睡眠及其障礙》，水牛，1985
徐俊冕等編著：《醫學心理學》，五南，2001
徐嘉宏等著：《心與腦》，心理，1998
畢曉白編著：《睡眠與夢的世界》，協合文化，2002
動物星球頻道之「從猿猴看人類」單元節目，2002
動物星球頻道之「動物有自覺嗎？」單元節目，2003

動物星球頻道之「動物有智慧嗎？」單元節目，2002

動物星球頻道之「動物有感情嗎？」單元節目，2002

傅佩榮著：《走向智慧的高峰》，天下遠見，2003

賴保禎等編著：《健康心理學》，蘆洲空大，1999

顏國鉉著：《法醫的故事——裴起林洗冤錄》，宇河，2001

羅遼復著：《物理學家看生命》，牛頓，1999

新萬有文庫
心靈使用手冊

作者◆成和平
發行人◆王學哲
總編輯◆方鵬程
主編◆葉幗英
責任編輯◆翁慧君
校對◆林昌榮
封面設計◆吳郁婷

出版發行：臺灣商務印書館股份有限公司
台北市重慶南路一段三十七號
電話：(02)2371-3712
讀者服務專線：0800056196
郵撥：0000165-1
網路書店：www.cptw.com.tw
E-mail：cptw@cptw.com.tw

局版北市業字第 993 號
初版一刷：2007 年 4 月
定價：新台幣 280 元

ISBN 978-957-05-2157-3

心靈使用手冊／成和平著.　-- 初版.　-- 臺北
市 ： 臺灣商務， 2007[民 96]
面 ； 公分.　--（新萬有文庫）
參考書目：面
ISBN 978-957-05-2157-3(平裝)

1. 應用心理學

177　　96002572

《世界美食風華錄》

作者　楊本禮

定價　280

書系　新萬有文庫

「飲食」是一個民族、一個國家文化深淺的最好表徵。

作者以輕鬆的筆調，活潑的實例和飲食掌故，道出各國飲食中蘊藏各異文化的奧理。同時，它也是一本最好的旅遊餐飲指南，兼備了「趣逸」和「教材」的雙重功能。我們相信這是一本讓人讀後對各國飲食文化心領神會，更時而發出莞爾一笑的好書。

《建康瑜珈——自在之旅》

作者　徐碧雪

定價　300元

書系　新萬有文庫

瑜珈來自悠久的印度文化，包含人類有始以來的發展，累積無數賢者的智慧，不論是戲劇化的神話故事，到相關身心健康的醫學常識；從藝術到宗教文化，從健身運動體位到飲食觀念，「瑜珈」牽引著世上眾人的心，一起走上精彩的人生。

瑜珈是生命中最靈異的活力，也是生命的奧祕。

瑜珈是成功與失敗的平衡，瑜珈是自我覺醒，淨化心靈的修持法門。

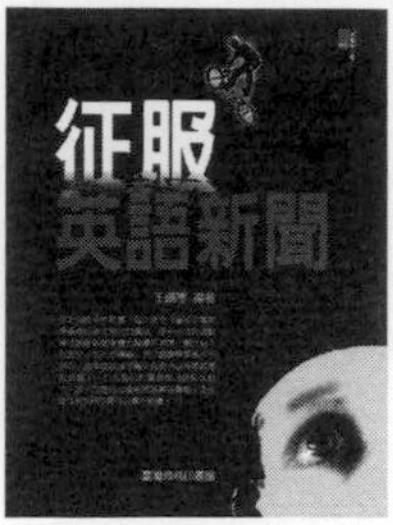

《征服英語新聞》

作者　王曉寒

定價　420 元

書系　新萬有文庫

在非英語系的社會，每天使用大量經由國際通訊社以英文發出的電訊，這些必須經過翻譯才能在新聞媒體上報導的消息，關涉到不同語文、文化的轉換，所以翻譯時是馬虎不得的。本書的內容包含：娛樂新聞、體育新聞、衛生新聞、犯罪新聞、花邊新聞、災禍新聞六部分，屬於軟性新聞，洋洋 26 萬字的鉅著，引導我們閱聽英語新聞後，充分了解不同領域的專業用語，有助於克服認知上的障礙。

《細嚼慢嚥讀紅樓》

作者　郁 丁

定價　250 元

書系　新萬有文庫

本書主要在闡釋原作留白的部分，及原作創作之技巧。留白是中國藝術創作的重要概念，如賈母促成寶黛的愛情卻不促成他們的婚姻；創作技巧主要表現在正反律的運用，如對人物性格的描寫，透過「社會我」與「真實我」的交叉刻劃，突顯出人物性格的反面印象。

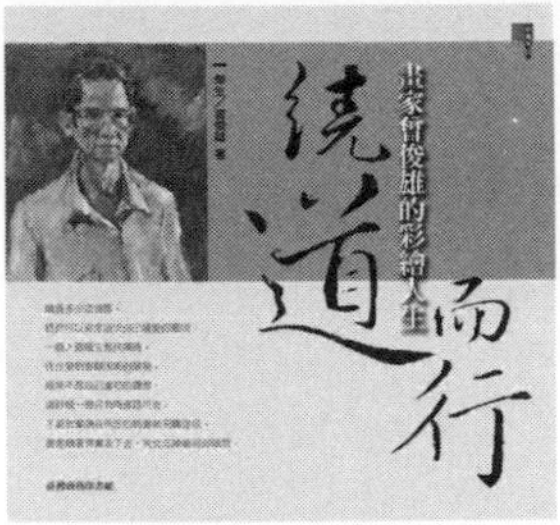

《繞道而行—— 畫家曾俊雄的彩繪人生》

作者　傑生/曾俊雄

定價　350 元

書系　新萬有文庫

繞過多少迂迴路，終於可以完全追求自己鍾愛的藝術。

本書主角曾俊雄，年輕時徬徨於理想與現實中，偶然讀到一篇〈繞道而行的人生〉的文章，在頓悟下遥採「繞道而行」的態度面對人生---當我們爲了達到一個目的地直走行不通時，只有繞道而行。所謂「山不轉、路轉，路不轉、人轉，人不轉、心轉。」

《美智子與雅子—— 日本民間女入宮密辛》

作者　齊　濤

定價　220 元

書系　新萬有文庫

本書主要對美智子與雅子同以民間女身份入宮爲皇后、皇妃，其所遭遇的問題，以及在宮廷裡的生活狀況作詳細陳述。尤其因爲民間女入宮，是日本皇家一千多年來的革命性大轉變，那些難以想像的困難和挫折，及兩位才女所承受的內外壓力與造成的新聞性，已受到普遍關懷和重視，同時，作者也對日本皇家（室）歷史，作了深入的介紹與研究。

《萬里無雲——一次史詩般的旅行》

作者　書雲

定價　350元

書系　OPEN 4 / 32

或許每個人都需要經歷心靈西行的歷程，才能找到內心真正的安寧

在牛津大學研讀歷史期間，作者書雲遺憾於中國人對於玄奘的了解，多來自《西遊記》裡的唐僧，忽視了真實玄奘的歷史價值。為了還玄奘於本來面目，她毅然踏上了追尋玄奘足跡的西行之路，體驗玄奘當年求法的艱辛歷程，感受古老文明的魅力，領悟千年佛法的真諦。

她從西安出發，穿過吉爾吉斯、巴基斯坦，走遍整個印度，歷時近一年，跋涉萬里，幾經磨難，將沿途的風土人情、奇文異趣、歷史感懷、心靈激盪，匯成文字，遂成此書。

本書內涵豐富，歷史感濃厚，寓意深遠。遠離塵囂，靜心品讀，你會發現這不是一本普通的遊記，它是穿梭於歷史與現實之間的震撼人心的精神旅程，是一本需要用心去感悟的好書。

本書已出版有英、德、法、義、日、韓等 10 國版本。英文版曾兩度被英國書評人在《泰晤士報》評為年度最佳圖書，廣受讀者歡迎，好評如潮，並且在東南亞國家掀起了一陣「玄奘熱」。

人云心境，亦如長空，因陰雲而暗日月，因貪念而塞心智。

除欲念而靜心，啟智慧之門，如疾風漫卷，

那麼你的世界將是 萬里無雲，萬里天

一次史詩般的旅行

沿著玄奘的足跡，依照《大唐西域記》的記載，一千三百多年後的今天，在歷史和現實的時空交錯中，親身去體驗玄奘的經歷，力圖進入他的精神世界，探尋中外文化交流對中國的影響。

我踏上了漫漫的西行之路，孤身一人，歷時將近一年，經歷綁架的危險，伊斯蘭基本教義分子的干擾，佛教聖地的極端貧困和暴力，但是我堅持下來了，而且找到了追尋的過去。

【關於書雲】

生於六○年代。1982 年考入北京大學英語系，後在牛津大學安東尼學院攻讀近代史，畢業後在英國從事電視製作，致力於讓世界了解中國。

1993 年，她的第一部講述中國婦女的紀錄片《半邊天》獲得了瑞典「環球南北電視大獎」的最佳紀錄片獎；2000 年，她所做的《百年叱吒風雲錄》獲得艾美獎最佳紀錄片大獎。關於講述鄭和下西洋的紀錄片《1421 年，中國發現了世界》，引起普遍關注。

《萬里無雲》是她的第一本書，也是作者不畏艱辛，跋涉萬里，用生命與激情寫就的一本佳作。